D1665940

Marga Ruth Mead

Leben und essen
mit den Neuseeländern

Erinnerungen einer Auswanderfreudigen

Maria Mümmler Verlag

Die deutsche Bibliothek - CIP-Einheitsaufnahme

Leben und essen mit den Neuseeländern

Erinnerungen einer Auswanderfreudigen

ISBN 978-3-926477-26-2

Alle Rechte der Vervielfältigung und Verbreitung einschließlich Film, Funk und Fernsehen sowie der Fotokopie, der elektronischen Speicherung und der Veröffentlichung vorbehalten, auch die des auszugsweisen Nachdrucks.

Herstellung: COPYLAND Druckzentrum GmbH, Äuß. Laufer Pl. 3-7, D-90403 Nürnberg
Umschlaggestaltung: Ralph Mead, Art technics, Ludwig-Feuerbach-Str. 11, 90489 Nürnberg
    mit Fotos von der Autorin
Vertrieb: Maria Mümmler Verlag, Bismarckstr. 7, D-91448 Emskirchen
    Tel. 49(0)9104/2300 - Fax: 49(0)9104/3169
direkt: Marga Ruth Mead, Unschlittpl. 1, D-90403 Nürnberg
    Tel. 49(0)911/22 60 67
oder im Buchhandel

Euro 8,50
ISBN 978-3-926477-26-2

Meinen Kindern

Vorwort

Was, Sie waren nach Neuseeland ausgewandert? Das klingt ja interessant. Wie lange haben Sie dort gelebt? Warum sind Sie nach Deutschland zurückgekehrt? Erzählen Sie mal?

Da gibt es so viel zu erzählen. Wo beginnen?

Als Deutschland nach dem Krieg noch in Trümmern lag, als Fernreisen nach Australien und Neuseeland eher die Ausnahme darstellten, verließ ich unser "Kellerloch" im Hinterhaus einer Prachtstraße der Stadt Fürth und wanderte aus.

Urlaub verlebten die Deutschen zu der Zeit - wenn überhaupt - im eigenen Land oder in Bella Italia. Ich sang "Komm mit mir nach Tahiti ...", träumte mich in exotische Welten hinein, baute Luftschlösser und begnügte mich mit dem, was ich hatte. Der Tourismus in großem Stil war noch nicht geboren und kein Mensch ahnte, dass es jemals das Wort Globalisierung geben würde.

"Komm mit mir nach Tahiti ..." wurde für mich wahr und noch mehr. Der neuseeländische Staat bot mir die Chance der Einwanderung. Das Land am anderen Ende der Welt vereint auf seinen Inseln die Naturschönheiten vieler Länder Europas. Alles war gewöhnungsbedürftig, besonders das Essen.

Als Immigrantin lebte ich fünf Monate als Hausangestellte im Hause wohlhabender Neuseeländer. Auch Kochen gehörte zu meinen Aufgaben. Es gab Speisen, deren Zubereitung mir Spaß machte, die mir schmeckten, die ich heute noch gern koche oder backe.

Die vorliegenden Geschichten beginnen mit der Schiffsreise, schildern die Schwierigkeiten der Eingewöhnung und enden an meinem Hochzeitstag. Als Überschriften habe ich Rezepte gewählt, die in den Text hineinspielen und am Ende jeder Geschichte stehen.

Last but not least danke ich all meinen vielen Verwandten und Freunden, die mich auf der Wanderung durch das Leben auf zwei Kontinenten begleitet haben, die mir jederzeit mit Rat und Tat zur Seite standen und heute noch stehen.

Nürnberg, im November 2007

Marga Ruth Mead

Nasi Goreng

Was bringt die Menschen dazu, ihren Geburtsort, ihre neu gefundene Heimat, ihre liebgewonnene Umgebung, ihre Verwandten und Freunde freiwillig zu verlassen? Was lässt sie aufbrechen zu neuen Zielen? Was erwarten, erhoffen sie sich von einem Leben in der Fremde? Die Erfüllung ihrer Sehnsüchte, die Suche nach dem Glück oder die Hoffnung auf ein besseres und leichteres Leben ohne Kriege und Entbehrungen?

Oft werde ich nach dem Grund meiner Auswanderung nach Neuseeland vor fast fünfzig Jahren gefragt. Ich antworte mit einem Lächeln: "Das ist eine lange Geschichte," und verschlucke den Halbsatz, "die eigentlich in meiner Kindheit wurzelt". Letzteres stimmt. Der Wunsch nach Selbstständigkeit und Unabhängigkeit erwachte in mir, wenn meiner Mutter die Hand ausrutschte oder sie zum Teppichklopfer griff. Schläge für das Zerbrechen von Gegenständen fand ich so entwürdigend, dass ich weglaufen wollte. In meiner Fantasie richtete ich mir in den Hünengräbern nahe meines Heimatdorfes ein Lager ein. Was ich zum Leben brauchte, wollte ich mit Handarbeiten verdienen.

Dieser kindliche Wunsch, die Sehnsucht nach Selbstständigkeit, die Suche nach Glück, Liebe und Geborgenheit, vor allem die Hoffnung auf ein besseres und leichteres Leben ließ mich mit zwanzig Jahren die DDR und fünf Jahre später Westdeutschland verlassen. In mir schlummerte wohl die ungestillte Abenteuer- und Reiselust meines aus Schlesien stammenden Großvaters mütterlicherseits. Seine Frau, meine anhaltinische Großmutter, war nicht gewillt, ihm in seine Heimat zu folgen oder gar dem Glück in Argentiniens Weite nachzujagen. Sie blieb im Lande und nährte sich und ihre Schar Kinder redlich und mühsam nach dem frühen Tod ihres Mannes. Ja, sie hatte als junge Frau die richtige Entscheidung getroffen und wollte mir meine Zukunftsträume, meine Luftschlösser ausreden.

Anfang des Jahres 1958 kam ich auf die Idee einer Auswanderung nach Australien, Kanada oder Neuseeland. Kanada war mir im Sommer zu heiß und im Winter zu kalt. Ich schrieb an die Botschaften des fünften Kontinents. Ohne nennenswerten Aufwand hätte ich innerhalb von drei Monaten nach Australien auswandern können. Die neuseeländische Botschaft ließ sich Zeit mit dem

Beantworten meiner Anfrage und war mehr als pingelig mit den Auswahlkriterien. Ein Beamter ihrer Majestät mit Schirm, Melone und wenig Charme reiste von London nach München, interviewte die auswanderfreudigen Kandidaten, prüfte ihre Englischkenntnisse und schickte sie zu einem Vertragsarzt.

Monat um Monat verging. Wie auf die Geburt eines Kindes wartete ich insgesamt neun Monate auf die Genehmigung meiner Auswanderung. Als ich sie an einem tristen Tag im November 1958 erhielt, erstrahlte in mir die Sonne. Dem Aufbruch in ein neues Leben stand nichts mehr im Wege. Ich konnte im Dezember 1958 oder im März 1959 meine Reise antreten.

Abschied von meinen Lieben vor Weihnachten? Sollte ich Weihnachten auf einem Schiff mit fremden Menschen feiern und meinen gebuchten Skiurlaub im Engadin stornieren? Niemals! Noch einmal wollte ich den Jahreswechsel mit Freunden in den Schweizer Bergen erleben, um für immer von ihnen Abschied zu nehmen.

Berge, Alpen, Gletscher, Seen und vieles mehr gibt es auch in Neuseeland. Dieses Land am anderen Ende der Welt vereint auf seinen zwei Inseln alle landschaftlichen Naturschönheiten Europas. Auf diese freute ich mich nicht minder als auf meinen letzten Skiurlaub in der Schweiz, und das, obwohl ich keine gute Figur auf Brettern abgab.

Der Zauber dieses Urlaubs in der Schweiz, die Atmosphäre der Skihütte, das Sprachgemisch der Urlauber aus mehreren europäischen Ländern, das langsame Aufsteigen zum Berggipfel mit Fellen, das Sonnenbad auf der Höhe und meine weniger gelungenen Abfahrten haben sich für immer in meinem Gedächtnis festgekrallt. Die Sonne, die jeden Morgen etwas früher über den Berggrat kroch und in unser Zimmer schien, leuchtete Freude, Hoffnung und Zuversicht in meine Seele. Das große Abenteuer lockte, die Auswanderung in das ferne, nur von vielen Beschreibungen her bekannte Land.

Dieselbe Sonne schien auch in Neuseeland. Wenn sie dort unterging, begann hier der Tag. Die Antipoden waren uns um einen halben Tag voraus. Dort war es Sommer. Statt des Frühlingserwachens erwartete mich ein farbenfroher Herbst. Der Wechsel der Jahreszeiten trübte keineswegs meine Stimmung oder meine Erwartung auf die Veränderungen in meinem Leben. Mein Abschied vom alten Europa stand unumstößlich fest. Daran gab es nichts mehr zu rütteln oder doch?

In diesen Urlaubstagen im Engadin bedeutete mir der Spatz in der Hand mehr als die Taube auf dem Dach. Ich brauchte für das Angebot des Hüttenbesitzers keine Bedenkzeit. Sekretärin in seinen Hotels in Davos wollte ich nicht werden. Nein, mich lockte das fremde Land am anderen Ende der Welt, die Neugier auf das Unbekannte. Meiner Mutter erzählte ich nichts von diesem verlockenden Stellenangebot in der Schweiz, damit sie mir nicht meinen Spleen, wie sie mein Vorhaben nannte, ausreden konnte. Gegen Amerika und Kanada hätte sie sonderbarerweise nichts einzuwenden gehabt, aber Neuseeland! Wer wusste damals, wo das auf dem Globus zu finden war?

Als Angestellte der Bundesbahn nutzte ich meinen letzten Freifahrschein für die Fahrt nach Rotterdam, weshalb ich meine Einreisepapiere per Einschreiben von der Neuseeländischen Botschaft in Bonn-Bad Godesberg erhielt. Vor Reiseantritt holte eine Spedition meine Fracht ab. Freunde und Bekannte bewunderten meinen Mut, meine Verwandten verteufelten ihn.

Hatte ich Mut? Ich weiß es nicht mehr. Die Freude auf die kostenlose Schiffsreise überwog alle Schwarzmalereien von Frühlingsstürmen oder ähnlichem. Fünf Wochen Urlaub auf einem Ozeanriesen mit Stopps in Curacou, Panama, Balboa und Tahiti. "Komm mit mir nach Tahiti ..." sang ich dem Mann vor, von dem ich mich geliebt fühlte.

Heiner war 37 Jahre alt und hatte die Altersgrenze für eine Einwanderung überschritten. Wir wollten sie deshalb erst nach meiner Landung betreiben. Später habe ich mich gefragt, ob ich ausgewandert wäre, hätte ich geahnt, dass er für das Wort Treue nicht dasselbe Maß anlegte wie ich.

Der Abschied von meinen Verwandten am Bahnhof in Fürth war mir leicht gefallen. Die letzte gemeinsame Fahrt mit Heiner nach Rotterdam, die letzte Übernachtung im Hotel und das vorerst letzte gemeinsame Frühstück machten mir zu schaffen. Ich wappnete mich mit Worten wie: ´Denke an die schönen Wochen auf dem Schiff, die Landausflüge, an seine Angst, ich könnte einen anderen, jüngeren Mann kennen und lieben lernen, und macht euch nicht gegenseitig den Abschied schwer´. Ich wollte nicht weinen!

Leichten Schritts betrat ich die Gangway der "Koninklijke Rotterdamsche Lloyd" und hörte Heiner hinter mir mit dem schweren Koffer keuchen. Filme rollten vor meinen Augen ab. War ich das, die hier die Hauptrolle spielte und von dem holländischen Schiffsoffizier zuvorkommend begrüßt wurde? Etwas abseits stand ein Kabinensteward, der auf Befehl meinen Koffer nahm und uns zu einer Zweibettkabine führte. Kaum hatte sich die Tür hinter dem Steward geschlossen, fiel ich Heiner um den Hals und jauchzte. Eine Zweibettkabine und ich die erste! Die untere Koje gehört mir. Denkste!

Nach wenigen Minuten und kurzem Klopfen öffnete eine Stewardess die Tür. Sie entschuldigte sich höflich. Der Offizier hatte uns mit zahlenden Passagieren verwechselt. Ich gehörte zur Gruppe der Deutschen und die werden ... ja, die wurden in anderen Kabinen untergebracht. Sie führte uns in einen Schlafsaal auf dem Promenadendeck mit - ich zählte schnell - achtzehn Kojen, von denen schließlich nur zehn belegt wurden. Aber das wusste ich in diesem Moment nicht. Immerhin war ich die erste und durfte mir eine aussuchen. Nach der Enttäuschung wählte ich die untere Koje neben der Tür, die zum Deck öffnete. Als die tropische Schwüle in die unteren Decks und die engen Kabinen mit Bullaugen kroch, wurden wir Schlafsaalpassagiere von Mitreisenden um viel Platz, richtige Fenster und die kühle Nachtluft beneidet.

Die MS *Sibajak* war kein Luxusliner, besaß keine Klimaanlage, keinen Swimmingpool, keine flotte Tanzkapelle mit Entertainern oder all das, was heute bei einer Kreuzfahrt als selbstverständlich vorausgesetzt oder moniert wird, falls etwas laut Reisekatalog nicht stimmt. Die Passagiere auf der MS *Sibajak* hatten - wie ich - den Krieg erlebt, kannten Hunger und Not. Sie hatten sich für ein neues Leben in einem fremden Land entschieden, wollten weg vom kriegsgebeutelten Europa, hatten ihre Unterschrift unter einen Vertrag gesetzt und sich verpflichtet, für zwei Jahre niedere Dienste zu verrichten. Voller Hoffnung brachen sie auf, waren dankbar für ihre Chance und eine fünfwöchige, kostenlose Schiffsreise um die halbe Welt. Was wollten sie mehr? Niemand meckerte, jeder war zufrieden und nutzte die Bequemlichkeiten an Bord, soweit vorhanden.

Die Frühlingsstürme mit Windstärken zwischen acht und zehn sowie damit einhergehende Seekrankheit machte mir an zwei Tagen südlich der Azoren zu schaffen. In den Wochen auf See schlossen Passagiere verschiedener Nationen Freundschaft, ließen sich von der Sonne bräunen und von freundlichem Personal verwöhnen.

Ja, freundlich, nett und zuvorkommend waren alle an Bord. Der Kapitän ging mit gutem Beispiel voran, mischte sich unter die Passagiere und unterhielt sie. Weniger gut gelang die Kommunikation im Speisesaal. Die deutschen und österreichischen Auswanderer saßen an zwei langen Tafeln. Das köstliche Essen servierten Stewards aus Indonesien. Sie sprachen wenig Holländisch, kein Englisch und schon gar kein Deutsch. Untereinander verständigten sie sich in ihrer exotisch klingenden Heimatsprache und in der erteilte ihnen auch der Chefsteward seine Befehle. Er war ein bildhübscher Mann, der seinem holländischen Vater die stattliche Größe und seiner indonesischen Mutter das Aussehen verdankte.

Was wusste ich damals von unserem Nachbarland oder seiner Geschichte? Nichts hatten wir über dieses seefahrende Volk, seine fernöstlichen Kolonien, seine berühmten Maler oder das Königshaus in der Schule gelernt. Was hatten wir überhaupt während der Kriegsjahre oder in den Nachkriegsjahren in der Schule gelernt? Der Nachholbedarf hängt mir noch heute nach.

Unsere Stewards bedienten uns morgens, mittags und abends in vorbildlicher Weise. Mit einem immerwährenden Lächeln servierten sie Speisen unserer Wahl, füllten unsere Gläser mit Wein, Saft oder Wasser. Die Augen des Chefstewards waren überall. Wehe, es machte einer einen Fehler. Wir verstanden den Tadel nicht, aber merkten an Gang und Haltung, dass die Worte gefruchtet hatten. Diese strikte Einhaltung der Servieretikette hat bei mir einen sehr nachhaltigen Eindruck hinterlassen. Schiebt mir in einem exklusiven Restaurant ein Ober mit mürrischem Gesicht den Teller von der falschen Seite unter die Nase, möchte ich aufstehen und gehen. Ein freundliches Lächeln, ein zu oft gesagtes "Guten Appetit" würde jedes Fehlverhalten entschuldigen.

Früh, mittags und abends lagen Speisekarten in Holländisch und Englisch auf den Tischen, manchmal auch in Französisch. Wir lernten die französische und holländische Küche kennen und lieben. Das Angebot zum Frühstück entsprach der Auswahl an heutigen Buffets der Mehr-Sternehotels. Mittags und abends wählten wir zwischen zwei fünfgängigen Menüs. Eines Mittags strahlten die Stewards. Es gab nur ein Gericht, und zwar aus ihrer Heimat: Nasi Goreng. Auf der Tafel standen Gläschen und Schüssel mit Gewürzen, auf die sie mit verschmitztem Grinsen deuteten.

Sie löffelten gebratenen Reis auf unsere Teller. Obenauf hoben sie ein Spiegelei. Mit Gesten gaben sie uns zu verstehen, dass wir gewürfelte Gurken, gebratenen Schinken, Garnelen und, und, und darunter heben sowie mit Pasten und Soßen würzen sollten. Mein Nachbar lud einen gehäuften Teelöffel Sambal

Olek auf seinen Reis, probierte nicht gerade wenig davon und schnappte nach Luft. Blitzschnell griff er zum Wasserglas. Die Tränen quollen schneller, als er das Feuer in seinem Mund zu löschen vermochte. Er sprang auf und flüchtete aus dem Speisesaal. Wir schauten erschrocken drein, wagten uns nur zögerlich an das gebratene Ei und schoben die Teller weg. Die Indonesier winkten ihren Chef an unsere Tafel. Ihre Kommentare untereinander und ihr vielsagendes Lächeln verrieten, dass sie diese Szene nicht zum ersten Mal erlebten. Der Chefsteward erklärte uns die Gewürze und meinte, wir sollten von allem etwas untermengen und je nach Geschmack mehr nehmen. Die Krupuk Crackers könnten wir zerbrechen und unter den Reis mischen oder knabbern.

Dieses exotische Essen mundete dann ausgezeichnet und die Krupuk Crackers waren das I-Tüpfelchen. Wie wurden sie hergestellt? Was vermuteten wir alles? Der Chefsteward zuckte mit den Achseln. War er der Koch? Er hatte keine Ahnung.

Es dauerte Jahre, bis ich in Deutschland den rohen Krupuk in einem Delikatessengeschäft entdeckte und ihn zur Freude meiner Kinder in heißem Öl zubereitete. Sie lieben diese Cracker aus Garnelenmehl noch heute. Inzwischen bekommt man sie fertig abgepackt zu kaufen und muss nach dem Backen in heißem Öl nicht tagelang die Küche lüften.

Das festliche Abschiedsmenü einen Tag vor unserer Landung hob sich ab von den inzwischen alltäglich gewordenen leckeren Speisen. Als nach dem Hauptgang plötzlich die Lichter erloschen, erschraken wir und schielten beunruhigt nach der Notbeleuchtung. Kein Grund zur Panik. Die Tür zur Küche öffnete sich, herein spazierten die Stewards mit entflammten Eisbomben. Die sprühenden Sternspeier verschenkten in der völligen Dunkelheit nichts von ihrer Wirkung. So etwas hatten wir noch nicht gesehen. Die Ahs und Ohs nahmen kein Ende. Zu dieser Köstlichkeit tranken wir echten französischen Champagner.

Wir tafelten an diesem Abend wie die Fürsten. Was das umfangreiche Menü alles enthielt, weiß ich nicht mehr, zumal die Speisekarte in Französisch abgefasst war. Als Hauptgang wurde Putenbraten gereicht. Zur damaligen Zeit eine Seltenheit, die sich nur Wohlhabende leisten konnten. Der Braten schmeckte vorzüglich, doch wir waren uns alle einig, mit Nasi Goreng konnte er nicht mithalten.

Nasi Goreng oder Gebratener Reis
(für vier bis sechs Personen)

1 Tasse Langkornreis, 2 Tassen Wasser, 4 Schalotten oder eine kleine Zwiebel,
2 rote Chilischoten oder ½ TL Chilipulver und 1 TL Paprika, Salz,
2 EL Öl oder Schweineschmalz, 1 TL süße Sojasoße, 1 TL Ketchup

Reis am besten einen Tag vorher kochen.
Schalotten oder Zwiebel schälen und klein schneiden.
Samen aus den Chilischoten entfernen,
Schoten entweder fein hacken oder zerstampfen.
Öl oder Schmalz in einer Pfanne oder in einem Wok erhitzen,
Zwiebel und Chili hinein geben und eine Minute unter rühren braten,
mit Salz, Sojasoße und Ketchup würzen.
Den Reis untermengen, gut durchmischen.
Etwa fünf bis acht Minuten braten.
In eine Schüssel geben, mit Tomaten- und Gurkenscheiben,
gebratenen Zwiebeln und Krupuk verzieren.
Dieser einfache Reis kann als Beilage zu Fleisch, Fisch oder Gemüse
gereicht werden.

Als Hauptgericht - wie am Schiff - gebe ich zur gebratenen Zwiebel
gewürfelten, rohen Schinken, Schweine- oder Rindfleisch, gare alles
für zehn Minuten und mische löffelweise
unter ständigem Rühren den Reis darunter.
Vor dem Servieren dekoriere ich das Nasi Goreng mit
knusprig gebratenen Schinkenstreifen und Spiegeleiern.
Zur weiteren Verfeinerung stehen Krabben, Krupuk,
eine in Würfel geschnittene und mit Essig gewürzte Salatgurke,
Sambal Olek, ein Gemisch aus gerösteten Kokosraspel und Erdnüssen
sowie Sojasoße auf dem Tisch.
Der Fantasie sind je nach Geschmack keine Grenzen gesetzt.
In deutschen Feinkostläden gibt es heutzutage eine reiche Auswahl
von Soßen und Pasten.

Bananenkuchen

Der eintägige Aufenthalt auf Tahiti überbot alle vorangegangenen Erlebnisse der Zwischenstopps in Curacou und Balboa. Dieser Tag krönte schlichtweg unsere Reise. Noch an den folgenden Tagen unterlagen wir dem Südseezauber, obwohl oder vielleicht gerade weil das Wetter mit jeder zurückgelegten Seemeile rauer und die Temperaturen zunehmend kühler wurden. Wir zehrten von den Düften, Eindrücken, Erlebnissen, Genüssen und Klängen des Südseeparadieses - und das nicht nur im übertragenen Sinne. Mein letztes Geld hatte ich für baumgereifte Mangos ausgegeben, von denen ich täglich eine genüsslich verzehrte. Dabei träumte ich mich in das Leben der freundlichen Insulaner hinein und spürte den Bammel vor dem Unbekannten in Neuseeland. Die letzten Tage an Bord vergingen schneller als uns lieb war.

Unserem Kapitän fiel der Abschied von seinem Ozeandampfer unsäglich schwer. Die MS *Sibajak* lag besser im Wasser als jedes andere Schiff, das er in seiner langen Karriere befehligt hatte. Deshalb hatte es auch im letzten Weltkrieg als Lazarettschiff gedient. Schwer vorstellbar, unser schwimmendes Zuhause nach einer weiteren Reise um die Welt irgendwo als Hotel permanent vor Anker zu wissen! In ihm steckte noch so viel. Und das bewies der Kapitän der Reederei, denn wir erreichten Wellington einen Tag früher als geplant.

Wie oft hatte ich vom Ernst des Lebens sprechen hören? Die Abschiedsrede des Kapitäns während des Festessens, seine guten Wünsche und Ratschläge für den Schritt in die ungewisse Zukunft sollten uns froh stimmen, Mut machen. Sie taten es nicht. Was er für eine gute Nachricht hielt, bedeutete für uns ein schnelleres Ende der Reise und ein böses Erwachen.

Einen Tag früher am Ziel? Meine erlaubte Fracht, ein Überseekoffer und eine Kiste, hatte in Rotterdam Zuwachs bekommen. Ohne mich zu fragen, hatte Heiners Schreibfreund seine Eltern in Holland beauftragt, eine Kiste nach seinen Wünschen zu füllen und unter meinem Namen loszuschicken. Ich fand das dreist und stritt über dieses Verhalten des mir völlig Unbekannten mit Heiner. Ich fürchtete Extrakosten für das Übersteigen meines Kontingents. Er sparte die Fracht und ich schleuste die Kiste als Einwanderergut am Zoll vorbei. Ich kannte nicht den Inhalt und hätte keine Fragen beantworten können. Neuseeland hatte und hat strikte Einfuhrbedingungen. Heiners Gegenargumente interessierten mich vor meiner Ausreise überhaupt nicht. Ich verließ mich nicht gern auf die Hilfe anderer und legte keinen Wert darauf, von seinem raffinierten Spezi und dessen Frau in Wellington abgeholt zu werden.

Kosten für die zusätzliche Fracht waren nicht entstanden, aber vor der Landung in Wellington raubte sie mir durch die vorzeitige Ankunft den Schlaf. Noch ahnte ich nicht, dass diese Kiste mein weiteres Leben in Neuseeland bestimmen sollte.

Tag der Ankunft! Vor dem ersten Morgendämmern war ich an Deck. Mit Gleichgesinnten wollte ich Aotearoa, wie die Ureinwohner das Land der langen weißen Wolke nennen, aus dem Meer aufsteigen sehen. Eiskalter Wind von der Antarktis jagte schwarzgraue Wolken vor sich her. Trotz der Kälte fror ich nicht. In meinem Inneren brannte ein Feuer aus Angst, Neugier und Unsicherheit. Endlich Land in Sicht, dem wir uns viel zu schnell näherten. War das Neuseeland? Wo waren die saftigen Weiden, wo die immergrünen Wälder? Karg, schroff und abweisend wirkten die braunen Berge. Eine Mondlandschaft in Untergangsstimmung!

Alfred, ein zahlender Passagier, der Verwandte in Österreich besucht hatte und nach Melbourne zurückkehrte, bemerkte meine Niedergeschlagenheit. Er legte seinen Arm um meine Schultern und erfand ein Märchen. Eine Prinzessin kam in ein fremdes Land. Sie erklomm mit großer Mühe eine steile Felsmauer. Kaum reckte sie ihren Kopf darüber, erblickte sie das schönste Land der Erde, in dem ein bildhübscher Königssohn in einem prachtvollen Schloss ihrer harrte.

Schön wäre es gewesen. Mein Königssohn saß in seinem Büro in Deutschland. Seine Briefe sprühten vor Eifersucht, enthielten viele wohlgemeinte Ratschläge. Er breitete keinen Teppich für mich aus. Im Gegenteil: Ich sollte den Weg für ihn ebnen und den Teppich knüpfen. Alfred wusste das nicht. Er meinte wohl, ich würde - wie die meisten ledigen Frauen - zwecks Heirat emigrieren.

Der Österreicher steckte mir seine Adresse zu. Falls es mir in Neuseeland nicht gefallen sollte, könnte ich mich jederzeit an ihn wenden. Ein Freund und Helfer in der Not, ein wahrer Tröster!

Vor der Einfahrt in den Naturhafen der Landeshauptstadt kamen mit dem Lotsenboot die Beamten der Einwanderungsbehörde an Bord. Hektik begann.

"Achtung! Achtung!" Befehle knisterten in mehreren Sprachen durch die Lautsprecher. Die Einwanderer griffen nach ihren Papieren und bildeten schnell eine lange Schlange. Im großen Saal, in dem bis weit nach Mitternacht der Abschiedsball stattgefunden hatte, regelten die korrekt gekleideten Beamten ihrer Majestät in Anzügen, weißen Hemden und Krawatten die Formalitäten der Immigration.

Mein englisches Gestammel interessierte sie nicht. Christchurch? Nein, Christchurch kam nicht in Frage. Kurzes Blättern in meinen Unterlagen. Von Mr. van der Bos aus Christchurch lag keine Nachricht vor. Wirklich nicht! Was sollten diese Extrawünsche? Das Krankenhaus in Wellington rechnete am nächsten Tag mit meinem Arbeitseifer als Putzfrau und auch mit dem einer wunderlichen Berlinerin. Dieser zehn Jahre älteren Frau waren an Bord tunlichst alle aus dem Weg gegangen. Was hatte ich verbrochen, ausgerechnet diese alte Jungfer als Weggefährtin zu bekommen? Sie zählte zu den Frauen, die unbedingt einen Mann haben wollten und in wahrhafter Torschlusspanik ihr Glück im schönsten Land der Erde suchten.

In einem Dreibettzimmer des Schwesternhauses stöhnte sie ihre bitteren Enttäuschungen, unerfüllten Hoffnungen und was immer heraus. Ich fragte sie, warum sie nicht hundert Jahre früher nach Neuseeland ausgewandert war. Damals wäre sie nicht nur in den Genuss einer längeren Reise gekommen, sondern wäre auch vom Schiff weg geheiratet worden. Keine Empfangskapelle, keine freudig winkenden Kavaliere, keine Blumen! Was stellte sie für Ansprüche, was stellte sie für blöde Fragen? Mich drückten andere Sorgen und nicht nur die.

Für unsere Koffer gab es in diesem engen Zimmer keinen Platz. Warum ließ sich meiner nicht unter das Bett schieben? Ich kniete mich hin und schaute nach dem Hindernis. Im Funzellicht der von der Decke baumelnden Glühbirne ohne Schirm sah ich ein Wirrwarr von Drähten der kaputten Stahlmatratze. Damit nicht genug. Die Matratzenauflage war völlig durchgelegen. In dieser Mulde konnte ich unmöglich schlafen. Ich riss das Bettzeug herunter und schüttelte die Füllung der Matratze in die Mitte. Dieses Bettproblem ließe sich lösen, aber wo um alles in der Welt sollte ich mit meiner Fracht hin? Was sollte aus der Kiste für den Schreibfreund werden?

Ich war hundemüde, spürte keine Lust, mir nach Mitternacht noch die Klagen der Berlinerin anzuhören. Ich schwieg, sie schwieg. Nein, sie schwieg nicht. Sie schnarchte noch lauter als sie redete. Am liebsten wäre ich als blinder Passagier nach Deutschland zurückgereist. Erst in den frühen Morgenstunden übermannte mich der Schlaf, den eine Krankenschwester im mittleren Bett nach ihrem Schichtwechsel unsanft beendete.

Jan und Maria van der Bos trauten ihren Augen nicht, als sie früh mit der Fähre von Lyttelton eintrafen und die MS *Sibajak* in Wellington am Kai erblickten. Jan stürmte auf das Schiff und erfuhr vom Purser meinen Aufenthalt. Als sie während unseres späten Frühstücks den Speisesaal des Krankenhauses betraten, hatte er die Erlaubnis für meine Weiterreise von der Einwanderungsbehörde erwirkt, allerdings musste er die Berlinerin mitnehmen und Arbeitsstellen für uns in Christchurch finden. Letzteres hielt er für problemlos. Heiner hatte ihm geschrieben, dass ich den Beruf der Krankenschwester erlernen wollte.

Gleich am Tag nach unserer Ankunft in Christchurch, ein miserabler Samstag mit trübem, naßkaltem Wetter, stellten wir uns bei der Oberin eines Krankenhauses für behinderte Kinder in einem Nachbarort vor, füllten Fragebögen aus und warteten in der folgenden Woche täglich auf den Briefträger.

Wie langsam vergehen die Minuten, die Stunden, die Tage ohne sinnvolle Beschäftigung? Ich wundere mich heute noch über meine Geduld, die der Müßiggang und das monotone Jammern meiner Weggefährtin mir abverlangten.

An unserem zweiten Wochenende fuhren uns unsere Gastgeber in den Hafenbergen spazieren, machten uns mit der näheren Umgebung der Stadt bekannt. Der Blick auf Christchurch, auf die Canterbury Ebene bis zu den Alpen, auf den Hafen von Lyttelton mit malerischen Buchten, das weite Meer und auf den sich endlos vor der Stadt hinziehenden Strand war atemberaubend.

Am Montag, über eine Woche seit unserer Ankunft, fuhren Maria und Jan nach dem Wochenende wieder zur Arbeit. Wir konnten im Bett bleiben. Klang es vorwurfsvoll? Sicher nicht.

Jan wetterte auf die langweiligen Kiwis, wie die Neuseeländer genannt werden, und versprach, im Krankenhaus anzurufen und der Oberin gehörig Dampf unter den Wertesten zu machen.

Die Berlinerin war noch im Bad mit ihrem aufwendigen Make-up beschäftigt, ich räkelte mich noch genüsslich auf dem Notbett, als Jan plötzlich wie ein Geist wieder das Wohnzimmer betrat. Die Beamten der Einwanderungsbehörde in Christchurch hatten ihm eingeheizt, ehe er seinen Dampf ablassen konnte. Die langweiligen Kiwis hatten den Spieß umgedreht und ihn zur Schnecke gemacht. Wir hätten uns nicht im Krankenhaus bewerben, sondern beim Arbeitsamt melden müssen. Für die Oberin gebrauchte er einen nicht gerade schmeichelhaften Ausdruck - und das mit Recht. Diese Frau hatte gewusst, dass sie Hilfs- und Pflegepersonal erst nach einjährigem Aufenthalt im Lande einstellen durfte. Unsere Fragebögen hatte sie wahrscheinlich sofort in den Papierkorb geworfen und uns so um einen Wochenlohn gebracht. Wütend kommandierte Jan:

"Packt eure Sachen, ich muss euch sofort zur Arbeit fahren. Dich zuerst, du bist fertig", sagte er zur Berlinerin. Sie öffnete den Mund, doch er gab ihr keine Chance, auch nur ein Wort zu stammeln. "Ihr könnt nicht zusammen bleiben. Ihr müsst als Küchenhilfen arbeiten, du in einem Altenwohnheim und du in einem Privatkrankenhaus. Beide liegen in weit voneinander entfernten Stadtteilen."

Hatte ich richtig gehört? Jan musste das wiederholen. Ich dankte Gott für diese Lösung. Zum Glück hatten wir obendrein an unterschiedlichen Tagen frei und verloren schnell jeden persönlichen Kontakt. Als sie nach etwa zehn Monaten den Sohn der Köchin im Altenwohnheim heiratete, hörten auch Maria und Jan nichts mehr von ihr.

Kurz vor zwölf Uhr setzte mich Jan am Mücheneingang eines Privatkrankenhauses ab, verabschiedete sich hastig und versprach, abends mit Maria noch vorbeizuschauen. Er hatte viel zu viel Zeit für unsere Fahrten verschwendet und musste zurück in die Arbeit.

Mein Eintritt in diese Küche fand zu einer denkbar ungünstigen Zeit statt. Welch ein Durcheinander von schmutzigem Geschirr, Töpfen, Pfannen, weit geöffneten Schränken. Am Ende eines langen Tisches, der fast die ganze Mitte der Küche einnahm, stand eine kleine, zierliche Frau in einer blauen Schwesterntracht. Strähnig-blondes Haar spitzte unter einem nach hinten gebundenen weißen Kopftuch hervor. Mit einer herunterhängenden brennenden Zigarette zwischen den Lippen zerlegte sie einen etwa dreißig Zentimeter langen Rinderrollbraten in gleichgroße Scheiben. Bei meinem Eintreten wischte sie ihre Hände rechts und links an einem um die Taille gebundenen Geschirrtuch ab, nahm die Zigarette aus dem Mund und stöckelte auf mich zu. Sie stellte sich als Sister McGregor vor und sprach so schnell, dass ich kein Wort verstand. Ihre Zeit drängte, weshalb sie den Kopf nach hinten drehte und "Trudy" rief.

Eine junge Frau, etwa einen halben Kopf größer als ich, eilte mit forschen Schritten auf uns zu. Trudy, eine Holländerin, erhielt Befehle. Sie sollte sich um mich kümmern. Sie und ihre jüngere Schwester Cathrin waren drei Monate vor mir mit der MS *Sibajak* nach Neuseeland gekommen, lebten im Krankenhaus und arbeiteten in dieser Küche. "Wie kann man in einem solchen Schweinestall arbeiten?", sagte ich wie im Selbstgespräch. Trudy lachte laut auf und antwortete schlagfertig in Deutsch mit leichtem Akzent: "Na, dann herzlich willkommen im Schweinestall, Schweinchen."

Trudy führte mich durch einen Gang hinter der Küche in den ersten Stock und zeigte mir mein Zimmer. Ein kleines Reich ganz für mich allein. Ich jubelte innerlich.

Minuten später saß ich im Speisesaal, in dem die Sisters, die Lernschwestern und das Küchenpersonal die Hauptmahlzeiten einnahmen. Sister McGregor und zwei Helferinnen hatten auf vorgewärmte Teller Rinderbraten, geröstete Kartoffeln und Kürbis sowie Karotten mit einer weißen Soße aufgetürmt. Ich hatte nicht gefrühstückt und einen Bärenhunger, würzte das salzlos gekochte Essen und verspeiste es bis auf die Kürbisrinde. Mein leerer Teller erregte Aufsehen. Die Neuseeländer waren denkbar schlechte Esser. Was in diesem Krankenhaus täglich im Schweinetrog landete, empfand ich nach den Hungerjahren in Europa als große Sünde.

Fünf Monate arbeitete ich in diesem Krankenhaus. Nie wieder saß ich im Speisesaal. Nie wieder konnte jemand einen Blick auf meinen Teller werfen. In den ersten Wochen flüchtete ich in den Mittagspausen in mein eiskaltes Zimmer, starrte an die Decke oder quoll über vor Selbstmitleid. Ich aß kaum etwas, nahm rapide ab und lief mit rotgeweinten Augen herum. Die wiederkehrende Frage: "And how do you like New Zealand?" konnte ich nicht mehr hören. Ich hasste alles und mich am meisten. Warum hatte ich die Stelle in der Schweiz ausgeschlagen?

Was war mit mir los? Warum war ich unzufrieden und deprimiert? War es die ungewohnte Arbeit? Nein, die nicht oder doch? Ich war Springer, musste die Arbeiten meiner Kolleginnen an ihren freien Tagen verrichten. Dazu gehörte an einem Wochentag das Putzen der Lehr- und Aufenthaltsräume, der Privaträume der Oberin und ihrer Vertretung. Diese Räume waren über einen Laubengang zu erreichen, und ich schlotterte bei den morgendlichen Minustemperaturen.

Ja, die Kälte machte mir sehr zu schaffen, denn den erwarteten goldenen Herbst hatte ein früher Winter geschluckt. Von meinem Fenster aus blickte ich auf die schneebedeckten Alpen und die Eiseskälte im Zimmer machte mich schaudern. Ich sehnte mich nach Post aus Deutschland und wartete auf meine Fracht mit der Winterkleidung.

Am zweiten Zahltag überreichte mir die Oberin als letzte meine Lohntüte. Sie bot mir Platz an. Weil sie sich für mich und mein Wohlergehen verantwortlich fühlte, wollte sie wissen, was mir fehlte. Heimweh! Sie hatte lange in England gelebt und verstand mich. Und meine Fracht. Ja, warum war sie noch nicht eingetroffen? Sie griff sofort zum Telefon und Tage später konnte ich in meine Winterkleidung schlüpfen. Für mein Seelenheil wollte sie mich mit einer lettischen Familie bekannt machen, die der lutherisch-evangelischen Gemeinde angehörte. Und noch etwas tat sie, was sie bald bereuen sollte. Ihre Lernschwestern verdingten sich in den Abendstunden als Babysitter in der Nachbarschaft. Die Oberin setzte meinen Namen auf die Liste. Bei der dritten Familie, einem Ehepaar Dawson mit drei Kindern, blieb ich hängen.

Die drei Kinder im Alter von neun, acht und vier Jahren schlossen mich vom ersten Abend an in ihr Herz. Die Dame des Hauses war schwanger und bat mich nach etwa drei Wochen, ihr an meinen freien Tagen zu helfen. Das konnte ich nicht. Für meine freien Tage hatte ich bereits zwei Putzstellen angenommen. Das bedauerte sie sehr. Aber könnte ich ihr eventuell am Mittwoch, Donnerstag und Freitag in meinen Pausen von zwei bis fünf Uhr etwas zur Hand zu gehen?

Wegen meines Heimwehs wollte ich meinen Vertrag mit dem neuseeländischen Staat so schnell wie möglich beenden und nach Hause reisen. Dafür brauchte ich Geld, viel Geld, um die Kosten für die Reise zu erstatten und für eine Schiffsreise nach Europa. Was sprach gegen die honorierte Hilfe in den Nachmittagspausen? Deshalb verzichtete ich auf das Mittagessen, um die Küche vor zwei Uhr verlassen zu können. Meine Kolleginnen fanden das nachahmenswert. Unser Tisch im Speisesaal verwaiste. Bis das Essen serviert wurde, hatten wir ohnehin unsere Bäuche mit den besten Häppchen gefüllt, und zwar mit dem, was uns schmeckte, und nicht mit dem, was aufgetischt wurde.

Ich war kein Freund von süßen Sachen. Cathrin hingegen konnte nicht genug davon kriegen. Noch heute, nach fast fünfzig Jahren, schwärmt sie von den Plätzchen mit widerlich süßen Zuckerfüllungen, die kistenweise in der

Speisekammer standen. Ich erinnere mich an keine einzige Sorte. Einmal sagte sie: "Mund auf und Augen zu!". Sie schob mir ein Stückchen Kuchen in den Mund. Hm, schmeckte der lecker. Solch guten Kuchen hatte ich noch nie gegessen. Wir probierten so lange, bis wir die letzten Krumen vertilgt hatten. Das fand Trudy gar nicht lustig.

Sie wurde von Sister McGregor als Köchin angelernt und musste Kuchen, Küchlein oder Plätzchen für den Nachmittagstee der Sisters bereitstellen. Als sie das Schrankfach öffnete, warteten Cathrin und ich in unserer Abspülnische auf ihre Reaktion: "Das gibt es nicht. Wer hat den Bananenkuchen gegessen, den ich gestern gebacken habe?", fragte sie entrüstet und betont laut. "Not me", "not me" verteidigten sich unsere neuseeländischen Kolleginnen. Trudy, normalerweise die Gelassenheit in Person, schimpfte mit Recht über unsere Fresslust und über die zusätzliche Arbeit, die wir ihr an diesem Tag eingebrockt hatten.

Bananenkuchen

250 g Butter, ½ kleine Tasse Zucker, 2 Eier, 6 Bananen,
3 große Tassen Mehl, ½ Tasse gehackte Walnüsse, 1 Tafel Schokolade,
2 TL Backnatron, 2 EL kochendes Wasser, 4 EL Milch.
Schokoladenglasur.

Butter und Zucker schaumig rühren, nacheinander die
Eier unterrühren. Die Bananen zerdrücken und darunter mischen.
Mehl sieben, Walnüsse und geraspelte Schokolade zugeben.
Alle Zutaten schnell verrühren.
Backnatron mit kochendem Wasser überbrühen, gut aufschäumen lassen.
Zusammen mit der Milch unter den Kuchenteig rühren.
In eine Kranzform füllen und 1 Stunde bei 160 Grad Umluft backen.
Mit Schokoladenglasur bestreichen.

Lemingtons

Karfreitag 1959 war ein grau-in-grauer Tag mit ungewöhnlich kalten Temperaturen. Der Nieselregen erinnerte an Allerheiligen. Zu diesem Wetter passte meine miese Stimmung und auch die meiner vier Kolleginnen: Cathrin, Noeline, Sally und Trudy. Wir arbeiteten schweigend vor uns hin, als das Telefon etwa um elf Uhr im Speisesaal schellte. Wie auf Kommando schauten wir nach Sally. Ein Lächeln flog in ihr hübsches Gesicht. Das konnte nur einer ihrer Verehrer sein, die immer um diese Zeit anriefen. Schnell schlenkerte sie das Spülwasser von ihren Händen, griff nach dem erstbesten Geschirrtuch und hastete an uns vorbei. Wir lauschten und warteten vergebens auf ihr angenehm leises Kichern. Es kam nicht. Statt dessen quietschte das Fenster der Durchreiche nach oben. Sally schob ihren Lockenkopf durch und schrie:

"Maru, Telefon für dich!"

Telefon für mich? Das glaubte ich ihr nie und nimmer, hielt es für einen ihrer üblichen Scherze. Sie clownte immer herum, sorgte für Gelächter in der Küche und goss Heiterkeit in den Kelch unserer Wehmut. Nein, für mich konnte der Anruf nicht sein. Wer in aller Welt wusste, dass ich seit vier Tagen im Karitane-Baby-Hospital wohnte und arbeitete?

Sallys lächelndes Gesicht wurde ernst, die Grübchen schwanden aus ihren roten Wangen und in ihren warmen braunen Augen blitzte nicht länger der Schalk.

"Komm schon, lass den jungen Mann nicht warten. Das ist unhöflich."

"Junger Mann!", ich zeigte ihr den Vogel. Für wie dumm hielt sie mich. Sally schüttelte den Kopf. Ihre Lippen wurden zu einem glatten Strich und ihre Augen zu Schlitzen. Sie dachte nach. Ihr Gesicht entspannte sich, ihre Augen sprühten.

"He, Mister, wie heißen Sie? Walter? O Gott, das ist ja ein Mund voll. Sagen Sie es noch mal. O.K., ich versuche zu wiederholen. Walter Mess, Messe, ah, Messerer. Was für ein Name!" Sie sprudelte vor Lachen.

Walter Messerer! Wie ein Wirbelwind fegte ich in den Speisesaal, riss der flirtenden Sally fast unhöflich den Hörer aus der Hand und meldete mich hastig, ehe Walter enttäuscht auflegen konnte. Sally schüttelte ihre Locken zurück, tanzte wie eine Fee durch den Speisesaal und sang: "Waltar, Waltar, führe mich zum Altar."

Walter! Woher wusste er meinen Aufenthalt? Natürlich von Alfred, seinem Landsmann in Melbourne, dem ich die Missgeschicke meiner Landung geschildert hatte. Walter sollte sich um mich kümmern, mir helfen und beistehen. Vom Arbeitsamt hatte er am Vortag meine Adresse erfahren. Datenschutz gab es damals zum Glück noch nicht.

"Warum weinst du denn? Freust du dich nicht über meinen Anruf?" Und ob ich mich freute, aber auch die Tränen meiner Freude schmeckten salzig, wie die, die mir täglich im Wachzustand - auch ungewollt - vor Heimweh aus den Augen quollen.

Wir hatten uns so viel zu erzählen und ich so wenig Zeit, weshalb Walter ein Treffen für den Ostersonntag vorschlug.

"Am Sonntag muss ich arbeiten."

"Was, am Ostersonntag auch? Wie schade."

"Ja, aber abends habe ich frei", sagte ich schnell, um die Chance eines Treffens nicht zu vermasseln.

"Gut, dann treffen wir uns am Square. Frag deine nette Kollegin, falls du nicht weißt, wo das ist. Ich lade dich von meinem ersten Lohn ins Kino ein. Um halb acht warte ich auf dich vor der Kathedrale."

Ostern, dieses wunderschöne Fest der Auferstehung und des Frühlingserwachens, das mir von jeher viel bedeutet hatte, gemahnte hierzulande durch das nasskalte Wetter an den Winterschlaf. Nun bescherte es mir eine völlig unerwartete Überraschung. Ja, ich betrachtete das Wiedersehen mit Walter als das schönste Osterei, das ich jemals in meinem Leben gefunden oder erhalten hatte. Nur ein Brief von zu Hause hätte mein Herz noch höher schlagen lassen. Zumindest vorübergehend vergaß ich das Heimweh und freute mich auf den bildhübschen Österreicher, drei Jahre jünger als ich. Auch die Tatsache, dass ich bis zu meinem ersten Zahltag nur noch ein paar Schillinge in meinem Portemonnaie wusste, konnte meine überschäumende Freude nicht trüben.

An dem sonnenlosen, regenfreien, aber bitterkalten Sonntag fieberte ich dem Feierabend entgegen, zog mich hastig um, eilte den Berg hinab zur Bushaltestelle und zwanzig Minuten später flog ich Walter vor der Kathedrale am Square in die Arme.

Unsere Wiedersehensfreude dämpfte Ernüchterung. Ostersonntag! Sämtliche Lichtspieltheater der Stadt waren geschlossen. Vergebens suchten wir nach einer Kneipe oder einem Restaurant, um bei einem Gläschen Wein unsere Erfahrungen auszutauschen. Wie naiv waren wir? Derartige Lokalitäten gab es 1959 nicht in unserem Traumland. Alkohol wurde ausschließlich an Werktagen in Hotelbars ausgeschenkt, die dem Gesetz entsprechend punkt sechs Uhr ihre Türen schlossen.

Der Innenstadt fehlte jedes Leben. Sie wirkte geisterhaft. Wir fanden nicht einmal eine offene Milchbar, in der wir unsere klammen Finger an einer Tasse Tee hätten wärmen können. Sonntage waren hierzulande heilig und die Feiertage erst recht. Doch auch die Kathedrale war um diese Zeit längst zugesperrt.

Nach einem einstündigen Schaufensterbummel hatten wir uns ausgetauscht und waren trotz unseres albernen Spöttelns und Lachens durchgefroren. Welch ein sonderbares Land hatten wir als neue Heimat gewählt? Statt der europäischen frühlingsfröhlichen Osterdekorationen erblickten wir in den Schaufenstern Ideen für Geschenke zum Muttertag im Mai: "Schenke Mutter zum Muttertag eine neue Waschmaschine oder einen modernen Kühlschrank!" Und das im April 1959!

Schlotternd suchten wir unsere Bushaltestellen auf. Wir hofften auf besseres Wetter für Ostermontag. Nachmittags hatte ich frei, und da das Karitane-Baby-Hospital am Fuß der Hafenberge im exklusiven Stadtteil Cashmere lag, planten wir von dort eine Wanderung auf die "Porthills" als Osterspaziergang. Dabei wollten wir die Luxusvillen der Reichen bestaunen und von der Höhe den Blick über die Stadt schweifen lassen, den ich Dank Maria und Jan bereits kannte.

Kalter Wind peitschte uns trotz Schirm den Regen ins Gesicht. Bunte Blätter wirbelten durch die Luft und legten sich auf die, die bereits am Pflaster klebten. Im tiefen Rinnstein stürzten die Wassermassen zu Tal. Der modrige Herbstgeruch stieg in unsere Nasen. Mein nagelneuer Schirm bot keinen ausreichenden Schutz, und als der Wind ihn umkrempelte und eine "Speiche" brach, flüchteten wir in den nach Zigarettenqualm stinkenden Aufenthaltsraum für das Küchenpersonal des Krankenhauses. Dieser Raum war mit ausrangierten Möbeln ausgestattet, die sich nicht einmal im Nachkriegsdeutschland jemand in die Wohnung gestellt hätte. Zerbrochene Sprungfedern im Sofa und in den Sesseln boten Hügellandschaften als Sitzgelegenheiten. Der Stoff war unansehnlich grau, ausgebleicht, abgewetzt und von Zigarettenkippen durchlöchert. Doch es war warm in diesem Zimmer und meine Kolleginnen, die sich bei dem miserablen Wetter in ihm die Zeit vertrieben, freuten sich über unsere Gesellschaft.

Tja, der liebe Walter fand sich plötzlich umgeben von fünf jungen Frauen und fühlte sich wie ein Hahn im Osterkorb. Trudy brühte sofort frischen Tee. Ich holte die Schachtel mit Nougat-Ostereiern von Deutschland, die mir meine Freundin für mein erstes Osterfest in der Ferne mitgegeben hatte. Die Reise durch die Tropen hatte zwar ihr Aussehen, aber nicht den köstlichen Geschmack beeinträchtigt. Meine Kolleginnen verdrehten genießerisch die Augen, und es bedurfte keiner weiteren Aufforderung zum Nachfassen. Solch zarter Schmelz war den Neuseeländerinnen noch nie auf der Zunge zergangen. Und Walter labte sich an den Lemingtons, die Trudy aus der Büchse für den Nachmittagstee der Schwestern abgezweigt hatte.

Lemingtons

Für den Teig:
100 g Butter, 150 g Zucker, 2 Eier, 1 große Tasse Mehl,
1 TL Creme of Tartar, ½ TL Backsoda, 1 EL Wasser, 1/4 Tasse Milch
Zum Tauchen:
1 Götterspeise (rot)
oder
3 EL Puderzucker, 1 EL Kakao, heißes Wasser, 1 Tasse Kokosraspel

Butter und Zucker schaumig rühren, Eier nacheinander unterschlagen,
Mehl sieben und mit Creme of Tartar mischen,
Backsoda mit kochendem Wasser gut aufschäumen lassen,
die Milch zugeben und unter den Teig rühren, in eine eckige,
mit Backpapier ausgelegte Form geben (etwa 20 cm x 27 cm)
und bei 180 Grad Umluft backen.
Nach dem Erkalten in gleichgroße Stücke schneiden, vom Papier heben.
Götterspeise nach Vorschrift auflösen, kalt stellen. Vor dem Festwerden der
Geleemasse die Kuchenstücke eintauchen und in Kokosraspel wälzen.
Wer keine rosa Kuchen mag, kann den Puderzucker und den Kakao mit
heißem Wasser aufgießen. Die Kuchenstücke mit einer Gabel
von allen Seiten hineintauchen und in Kokosraspel wälzen.
Für besonders festliche Anlässe können die Lemingtons nach Belieben auf der
Oberfläche mit einem Schnitt versehen und mit Sahne gefüllt werden.

Dattelbrot

Wer in den letzten Jahren Neuseeland bereist, wird das, was ich hier schildere, für Schauermärchen halten. Was ich berichte, ist jedoch wahr und nicht meiner regen Fantasie entsprungen. Auch ich traute kaum meinen Augen, als ich nach einer Abwesenheit von nahezu fünfundzwanzig Jahren wieder neuseeländischen Boden betrat und vor unfassbaren Veränderungen stand.

Große Supermärkte, die den ersten kleinen Selbstbedienungsläden Ende der sechziger Jahre Platz gemacht hatten, waren noch größeren gewichen. Das Angebot in diesen Warenhäusern, die mich an die deutsche Metro-Handels-Kette erinnerten, ist so vielseitig, dass ich mich schlafwandlerisch zwischen den langen Reihen verlor. Landesübliche Delikatessen stehen neben denen fremder Länder. Die Nachkommen der an ihren Traditionen festhaltenden Einwanderer von einst können heutzutage ihren Appetit mit allem stillen, wonach es sie gelüstet. Die junge Generation der Neuseeländer sagt nicht mehr igitt und rümpft die Nase, wenn fremdländische Speisen auf den Tisch kommen. Im Gegenteil, sie greifen tüchtig zu und verschmähen weder Knoblauch, saftiges Vollkornbrot, Delikatessgurken oder scharfe Peperoni, um nur einige Beispiele zu nennen. Theken für Wurst, Käse und Fisch sind gut bestückt, bieten zu den abgepackten Produkten die Qual der Wahl. Fleisch in handlichen Portionen wartet auf Käufer in den Kühltruhen.

Ich meinte wirklich zu träumen, denn auch an den Wochenenden waren diese Warenhäuser und die Läden in den Einkaufspassagen ganztags geöffnet. Der Sonntag war kein geheiligter Tag mehr, diente nicht länger dem Kirchgang oder der Erholung. Das Wochenende, die Freizeit wird nicht länger in der Natur verlebt. Nein, Vater, Mutter und Kinder nutzen den Sonntag zum Großeinkauf bei lautem Gedudel in den Malls. Statt erholsamer Picknicks mit Fish & Chips oder von daheim mitgenommenen Sandwiches an Stränden oder in Parks, laben sich die Neuseeländer an exotischen oder heimischen Speisen in Restaurants oder an Imbissständen. Ein würziges Duftgemisch kitzelt die Sinne der Einkäufer. Alkoholische Getränke für Parties oder für die Stunden vor den Flimmerkisten finden bei diesen sonntäglichen Ausflügen reichlich Absatz. Wein und Bier führen diese Superläden seit Jahren im Angebot.

Früher war das nicht so. Wann hatte sich dieser Wandel vollzogen? Was hatte ihn ausgelöst? Begann er mit dem Absatz der im Lande angebauten und gekelterten Weine oder mit den lizenzierten Wine & Dine Restaurants, die Ende der sechziger Jahre in Mode kamen? Wahrscheinlich lässt sich alles mit dem heute so geflügelten Wort Globalisierung erklären. Ja, die Immigrantenflut aus aller Herren Länder nach dem Krieg weckte das Fernweh der vor sich hin dösenden Insulaner. Der Tourismus kam allmählich in Schwung.

Kurzen Ausflügen in das fortschrittlichere Nachbarland folgten Schiffsreisen in das Land der Ahnen am anderen Ende der Erde. Jeder Sprung über das Wasser zündete Ideen, die sich daheim in bare Münze umwandeln ließen. Neuseeland erwachte aus seinem Dornröschenschlaf und öffnete sich für den Tourismus in großem Stil, trennte sich von puritanischen Gepflogenheiten und änderte Gesetze, um sich vom Rest der Welt nicht länger zu unterscheiden. Und schließlich suchten die Winzer für ihre edlen Tropfen im eigenen Land Absatzmärkte.

In den zwölf Jahren, in denen ich in Neuseeland lebte, habe ich bei keiner Einladung zum Dinner ein Glas Wein getrunken, geschweige denn meinen Gästen Bier oder Wein zum Essen angeboten. Niemand dachte damals daran, Gastgebern eine Flasche Wein als Mitbringsel zu überreichen. Bei den Einladungen brachte man sich selbst, Geschenke waren überflüssig. Während des Essens wurde nicht getrunken und nach dem Essen gab es den "lovely cup of tea": starker Tee mit Milch. O ja, *a nice cup of tea* schwemmte die Reste des Desserts und der übersüßen Kuchen aus den Zähnen.

Für die drei Zwischenmahlzeiten pro Tag (Morgen- und Nachmittagstee sowie Supper) wurden Kuchen, Küchlein und Plätzchen in reicher Auswahl mit Tee gereicht. Dieses Gebäck und die Desserts nahmen den Hauptgerichten im Krankenhaus die Monotonie, denn in fester Reihenfolge wechselte Rinder- mit Hammelbraten und Hammel- mit Rinderbraten. Letzterer wurde hin und wieder durch Corned Beef ersetzt. Kein Vergleich zu Corned Beef aus den Dosen, nein, stark gepökeltes Rindfleisch, das sehr lecker schmeckt. Freitags gab es grundsätzlich Fisch. Nach diesem Einerlei verlangte mich nach einem saftigen Schweinebraten, einem Schnitzel oder Kotelett. In Deutschland war es das billigste Fleisch, und die vollen Abfalltonnen für die Schweine wurden zweimal in der Woche abgeholt. Warum gab es keinen Schweinebraten?

Was war ich naiv! Schweinezucht hierzulande war eher die Ausnahme. Schafe und Rinder weideten jahrein, jahraus auf der Weide, Schweine mussten in Ställen gehalten, regelmäßig gefüttert und sozusagen "gepflegt" werden. Sally erzählte vom letzten Weihnachten im Krankenhaus. Sie schwärmte von knusprigem Schweinebraten mit Apfelsoße, frischen Erbsen, Karotten und gerösteten neuen Kartoffeln, gefolgt von Plumpudding mit Vanillesoße. Sie zählte im April die Monate bis zum nächsten Weihnachtstag - und das alles für einen Schweinebraten.

Nachspeisen oder die übersüßen Kuchen waren nicht nach meinem Geschmack. Ich liebte herzhafte Gerichte und Obst. Als ich mich besser eingewöhnt hatte und mein Appetit zurückkehrte, war gebratener Schinken mit Spiegeleiern zum Frühstück der richtige Auftakt für den Wochenbeginn. Auch am Mittwoch lobte ich mir eine Portion Rührei und freitags, na ja, da schwammen die verlorenen Eier in einem Gemisch aus Essig- und Salzwasser, die auf Toast serviert wurden. Gebutterten Toast mit Vegemite oder Marmite (Hefepasten) oder Käse zog ich allemal der Haferflockenpampe, den aufgeweichten Trockenpflaumen oder Cerealien mit Milch vor, die es an den vier anderen Tagen zum Frühstück gab. Das um so mehr nach dem folgenden Vorfall. Tja, ich verkniff mir sogar für den Morgentee gebuttertes Dattelbrot.

Als Cathrin und Trudy an einem Sonntag ihre Freizeit genossen, kamen meine neuseeländischen Kolleginnen zu mir. Sie waren fünf Jahre jünger als ich, Mütter von je zwei Kindern, nach damaligem Gesetz noch nicht volljährig, aber bereits geschieden. Noeline litt unter der Trennung von ihren Kindern, die sie einmal wöchentlich sah. Sally redete zwar viel von ihren Buben, sah sie aber nie. Sie lebten mit dem Vater in einer anderen Stadt. Mit zwanzig Jahren Mütter von zwei Kindern, geschieden und ...

An besagtem Sonntag fehlten Cathrin und Trudy als Übersetzerinnen, denn ich wusste nicht, verstand nicht, was Noeline und Sally von mir wollten. "Let us see your dentures." Was meinten sie? Was sollte ich ihnen zeigen? Das Wort "dentures" hatte ich noch nie gehört. Begriffsstutzig zuckte ich mit den Schultern und schüttelte meinen Kopf. Sie tauschten Blicke, kicherten und beharrten darauf, ihnen das Objekt ihrer Neugier zu zeigen. Geduld! Sie tuschelten wieder, verzogen beide ihre Lippen zu einem weiten und offenen Grinsen und deuteten auf ihre Zähne. Ich äffte sie nach, kam mir vor wie auf dem Pferdemarkt. Kichern, Gelächter. Sally´s Gesicht überzog sich mit der üblichen Verlegenheitsröte und im nächsten Augenblick ließ sie ihren oberen Zahnersatz nach unten fallen. Sie gab mir zu verstehen, es ihr gleichzutun. Zwanzig Jahre und keinen eigenen Zahn mehr im Mund! Ich war entsetzt und schlug die Hand vor meinen Mund. Diese Geste fassten sie falsch auf, denn nun nahm Sally ungeniert ihr Gebiss heraus und reckte es mir mit den daran haftenden Speiseresten entgegen.

Der Zahnarzt hatte vor meiner Reise meinen Nussknackerzahn mit einer winzigen Füllung versehen, mehr als Prophylaxe, um mir den Zahnarztbesuch für die nächsten Jahre zu ersparen. Das konnten und wollten sie nicht glauben. Sie prophezeiten, dass ich meine Zähne innerhalb von zwei Jahren verlieren würde. Das neuseeländische Wasser würde sie ruinieren. Ich sollte Cathrin und Trudy fragen. Sie waren erst über drei Monate im Lande, hatten den Zahnarzt aufgesucht und für mehrere Füllungen zahlen müssen.

Stunden später fragte ich die Holländerinnen. Sie bestätigten, was Sally gesagt hatte. Ich geriet regelrecht in Panik. Meine kräftigen und gleichmäßigen Zähne waren das einzig Schöne in meinem Gesicht. Diese Prophezeiung! Ich wollte meine Zähne nicht verlieren, putzte sie mehr als nötig, mied alle süßen Sachen und trank statt Wasser und Tee zum ersten Mal in meinem Leben Milch, kalte Milch aus den großen Kannen im Kühlraum. Sie schmeckte köstlich. Ich verstand nicht, warum ich nach neunmonatiger Stillzeit keine Milch mehr getrunken und meiner Mutter so viel Kummer bereitet hatte.

Von diesem Tag an starrte ich jedem Neuseeländer, dem ich begegnete, wie hypnotisiert auf Mund und Zähne. Ich lernte schnell echte Zähne von Zahnprothesen zu unterscheiden und freute mich über jeden Neuseeländer, der mit einem freundlichen Lächeln seine eigenen Zähne bleckte. Egal, wie lecker die Plätzchen, Kuchen und Desserts aussahen oder schmeckten, ich mied sie für geraume Zeit und freute mich sehr über zwei oder drei herzhafte Mahlzeiten täglich.

Als ich nach fast fünfundzwanzig Jahren wieder Neuseeland betrat, freute ich mich neben den bereits erwähnten positiven Veränderungen über weitere. Ledige oder geschiedene Mütter erhalten Unterstützung, müssen sich von ihren Kindern nicht mehr trennen oder sie zur Adoption frei geben. Nicht selten haben diese allein erziehenden Mütter mehrere Kinder von unterschiedlichen Männern.

Solange diese Frauen keinen Unterhalt für ihre Kinder erhalten oder mit den Vätern unter einem Dach wohnen oder Beziehungen zu ihnen pflegen, zahlt Vater Staat den Lebensunterhalt.

Und Freude über Freude, die jungen Neuseeländer können bei jedem Lächeln ihre gesunden Zähne zeigen. Vor vielen Jahren wurde dem Trinkwasser Fluorid beigesetzt und diese Investition schlägt sich positiv auf die Einkommen der Neuseeländer nieder. Zahnmedizinische Behandlung war nur für Schulkinder kostenfrei. Ich traf während meines zwölfjährigen Aufenthalts im Lande viele Einheimische, die statt Zahnschmerzen zu ertragen und die laufenden Rechnungen für Zahnärzte zu zahlen, kurzen Prozess machten, alle Zähne unter Vollnarkose ziehen ließen und sofort Vollprothesen in den Mund geschoben bekamen. Die neuseeländischen Zahntechniker waren allesamt Meister ihres Fachs.

Dattelbrot

50 g Butter, ½ kleine Tasse Zucker, 2 kleine Tassen Mehl,
2 EL gehackte Walnüsse,
1 kleine Tasse kochendes Wasser, 1 Tasse Datteln, 1 TL Natron

Datteln mit Natron überstreuen und mit kochendem Wasser übergießen
(muss kräftig schäumen).
Datteln und Wasser vermischen, Datteln mit einer Gabel zerdrücken.
Butter und Zucker schaumig rühren,
die erkaltete Dattelmischung, gehackte Walnüsse und
das gesiebte Mehl untermengen.
Kleine Königskuchenform mit Backpapier auslegen,
die Mischung gleichmäßig in der Form verteilen und etwa
1 Stunde bei mittlerer Hitze backen.

Leber und Schinken Hot Pot

Die Oberin hielt ihr Versprechen. Nach unserem Gespräch fuhr sie mit mir nach Feierabend des folgenden Sonntags zum Haus der Familie Abolins. Es sollte eine Überraschung werden, weshalb sie unseren Besuch nicht angekündigt hatte. Dunkelheit gähnte uns an, als sie vor dem Haus anhielt. Nein, nicht ganz. Aus der Küche auf der Südseite des Hauses erhellte ein Lichtschein die frühe Nacht. Der damals neun Jahre alte Sohn saß am Küchentisch und zeichnete. Die stürmische Begrüßung des unverhofften Wiedersehens zwischen dem Knaben und seiner "Auntie" Horner rührte mich.

Die Eltern und der ältere Bruder waren nicht zu Hause, auch nicht in der Kirche, wie die Oberin vermutete. Nein, sie besuchten eine Feier von lettischen Freunden. Maris wusste, was sich gehörte. Er führte uns in das eiskalte Wohnzimmer, schaltete den elektrischen Heizer vor dem Kamin ein, entschuldigte sich kurz und verschwand wieder in der Küche, um Tee für uns zu brühen. Hilfe lehnte er ab. Die Wartezeit nutzte Frau Horner, um mir die abwesenden Familienmitglieder vorzustellen. Erna Abolins hatte nach ihrer Immigration jahrelang die Wäsche des Krankenhauses besorgt. Während der ältere Sohn die Schule besuchte, wurde Maris von ihr oder den Lernschwestern betreut. Das brave Kind hatte mit seinem sonnigen Gemüt schnell die Herzen aller erobert, vor allem das ihre.

Vorsichtigen Schrittes trug Maris ein Tablett in das Wohnzimmer, auf dem Tassen, Teller, Löffel und Zuckerdose leise klirrten. Er stellte es auf den Tisch vor den Polstermöbeln. Dann holte er noch einen Teller mit Plätzchen, eine Kanne Tee und einen kleinen Krug Milch. Ich staunte über das Selbstbewusstsein dieses Jungen. Angestrahlt vom Heizer tranken wir den Tee und weil die Rückkehr der Eltern nicht abzusehen war, trugen wir das Geschirr gemeinsam in die Küche zurück und verabschiedeten uns von dem kleinen Kavalier.

Erna Abolins rief am Montag an und lud mich an meinem freien Tag, am Dienstag, zum Essen ein. Es gab selbstgemachtes Sauerkraut, Bratwurst vom holländischen Metzger und Kartoffelbrei. Es schmeckte vorzüglich, doch ich hatte seit den ersten Tagen im Krankenhaus kaum etwas gegessen und war nach den ersten Bissen satt.

Mit einem Sprachcocktail aus Deutsch und Englisch erzählte Erna von ihrer Flucht aus Riga mit ihrem ältesten Sohn und dem Lagerleben in Hamburg. Ihr Mann hatte sie mit Hilfe des Roten Kreuzes gefunden. Als Neuseeland sich zur Aufnahme von Flüchtlingen bereit erklärte, beantragten sie die Auswanderung. Mit zwei Kindern waren ihre Chancen größer. Nicht in der Enge der Baracke ohne Privatsphäre, nein, in Gottes freier Natur wurde Maris gezeugt. Das hat ihn wohl geprägt, denn ungleich seines Bruders hat er ein sonniges Gemüt, mit dem er von klein auf die Menschen bezirzte, vor allem die Oberin des Karitane-Baby-Hospitals. Dort spielte er mit den nicht adoptierten Kindern, während seine Mutter die Wäscherei versorgte. Jan Abolins war gelernter Goldschmied. Wegen mangelnder Sprachkenntnisse arbeitete er in Christchurch bei der Eisenbahn. Seinen Beruf machte er zum Hobby. Auf Bestellung fertigte er wertvolle Verlobungsringe aus Gold oder Platin mit lupenreinen Diamanten.

Seit ihrer Landung waren nur wenige Jahre vergangen. Ihnen gehörte ein schuldenfreies Haus auf einem Doppelgrundstück. In der Garage stand ein nigelnagelneuer Volkswagen. Ich war stark beeindruckt, hatte aber nicht die blasseste Ahnung, dass dieses Auto damals in Neuseeland wesentlich mehr kostete als jedes aus England importierte Fahrzeug, und das war nicht wenig. In meinen Augen waren diese Letten sehr wohlhabend. Im zerbombten Deutschland hätten sie es binnen so kurzer Zeit nicht so weit gebracht - oder doch?

Arbeit ist die beste Therapie zur Überwindung jeglichen Kummers, meinte Erna. Sie kannte sich aus. Ich sollte mir sofort eine Nebenbeschäftigung suchen, am besten als Putzhilfe. Sie wusste eine Stelle für mich. "Eine Freundin aus Lettland hat einen reichen Farmer geheiratet. Melanie braucht dringend Hilfe für ihr großes Haus. Sie ist großzügig und zahlt gut, denn Geld spielt für sie keine Rolle." Jedes zusätzlich verdiente Pfund brachte mich meinem Ziel näher, weshalb ich freudig dem Treffen mit Mr. und Mrs. Boon entgegensah.

Am Tag nach meinem Besuch bei Abolins las ich die Stellenanzeigen in der Zeitung. Jemand suchte eine Putzhilfe für drei oder vier Stunden wöchentlich. In meinem kümmerlichen Englisch bot ich telefonisch meine Dienste an. An meinem nächsten halben freien Tag polierte ich für zwei Pfund plus Fahrtkosten das Familiensilber bei Familie Hamilton im vornehmen Wohnort Fendalton. Mrs. Hamiltons Vorfahren hatten diese Prunkstücke vor über hundert Jahren von England mitgebracht.

Umgerechnet zweiundzwanzig Mark steckten in meiner Tasche plus ein paar Silbermünzen für das Fahrgeld. Was noch mehr zählte: Ich sollte wieder kommen. Über die zusätzliche Einnahmequelle war ich so glücklich, dass ich nicht auf den nächsten Bus wartete, vielmehr frohgelaunt zu Fuß den langen Weg ins Krankenhaus zurücklegte. Für die Münzen kaufte ich mir Granny Smith Äpfel, die es im Krankenhaus nicht gab.

Gleich am nächsten freien Tag fuhr ich zu Mrs. Boon, der Frau des damals wohl reichsten Schaffarmers in Canterbury. Die Begegnung mit dieser Frau und Freundin von Erna war eine sehr lehrreiche Erfahrung. Die Arbeiten in ihrer pompösen Villa mit Ball- oder Konzertsaal, Billardraum und einer Flut von Zimmern nebst Bädern brachten mir an meinen ersten Arbeitstagen eine tiefe Zufriedenheit. Als der Staubsauger über die geblümten Teppichböden glitt, begannen sie mitten im Winter zu blühen. Im Ölfarbenanstrich der Küchenschränke brach sich nach dem Schrubben mit Kernseife das Licht, die vom Nikotin befreiten Kristallkandelaber funkelten in Regenbogenfarben und Mr. Boons weiße Hemden hingen für die nächsten Wochen gebügelt im Schrank seines Ankleidezimmers zwischen Bad- und Schlafzimmer. Dort sah ich in offen stehenden Schubläden mehrere seiner Vollprothesen mit Goldzähnen an unterschiedlichen Stellen.

Mrs. Boon bekochte mich mit köstlichem Essen nach europäischen Rezepten. Geld spielte wirklich keine Rolle. Als ich ihr von Sallys Sehnsüchten nach weihnächtlichem Schweinebraten erzählte, musste ich nicht länger auf Wiener Schnitzel, Schweine- oder Kalbskotelett sowie Schweine- oder Rinderfilet verzichten. Die ausgedehnten Mittags- und Teepausen plagten anfangs mein Gewissen. Bald merkte ich, dass die einsame Frau dankbar war für die Unterhaltung. Der Dreck im Hause war zweitrangig.

In etwa vier Monaten, in denen ich bei ihr putzte, hörte ich sie nur einmal lachen. Sie lachte mich aus wegen meiner Heimwehdusselei. Ihr Lachen klang nicht heiter, eher gequält. Dann erzählte sie aus ihrem Leben, von ihrer Kindheit, Jugend, glücklichen Ehe, vom Krieg und von dem Befehl ihres Mannes, Riga unter keinen Umständen zu verlassen. Was sie vom Reichtum ihrer Eltern sagte, deckte sich mit dem, was Erna mir erzählt hatte. Je mehr ich erfuhr, desto mehr kroch ich in mir zusammen und schämte mich. Wie winzig und erbärmlich schien mein Heimwehschmerz, meine Sehnsucht nach lieben Menschen in Deutschland, die lebten und mit lieben Briefen Brücken über Ozeane und Länder schlugen. Ihr schrieb niemand mehr. Sie hatte alles, alle und auch die Heimat für immer verloren. Lediglich den Wohlstand hatte sie wieder gefunden.

Interessiert lauschte ich Mrs. Boons Schilderungen. Sie waren sehr anschaulich und jagten mir eisige Schauer über den Rücken. Ich sah die Organe aus den aufgeschlitzten Leibern ihrer kleinen Jungen quellen, hörte die Schüsse, die ihre Eltern, ihre Schwester, Nichten und Neffen niederstreckten. Sie zeigte mir die Narbe am Hals, nur wenige Millimeter von der Hauptschlagader entfernt. Ein Russe hatte geglaubt, sie nach den ungezählten Vergewaltigungen einer ganzen Horde Soldaten mit diesem Schnitt umgebracht zu haben. Sie hatte diese Grausamkeiten überlebt, doch die Freude am Leben verloren. Mit anderen Flüchtlingen war sie in dem Hamburger Lager gelandet. Dort mussten ihre Landsleute ihr schonend den Tod ihres Mannes beibringen. Sie kümmerten sich rührend um die lebensmüde Frau und überredeten sie schließlich zur Auswanderung nach Neuseeland.

Mr. Boon reiste als zahlender Passagier auf demselben Schiff. Er begehrte die damals noch bildhübsche Frau, die oft am Heck der Reling stand und traurig in das aufgewühlte Meer blickte. Er machte sie zu seiner dritten Frau.

Wie angenehm hätte sie ihr Leben an der Seite dieses reichen, wesentlich älteren Mannes gestalten können! Vielleicht war sie ja auch zufrieden? Ihr fehlte es an nichts. Vor allem nicht an Zigaretten und Whisky. Wie oft vergaß sie die im Fensterbrett oder auf dem Nachtkasten deponierten glimmenden Zigaretten? Es grenzte an ein Wunder, dass der von vielen Brandlöchern verunstaltete Teppichboden neben ihrem Bett noch keinen Schwelbrand verursacht hatte.

Wie viel gepflegter und harmonischer ging es bei den Hamiltons zu! Verglichen mit dem verkrusteten Pomp vergangener Zeit im Hause der Boons umgab mich dort Leben, Gemütlichkeit und Herzenswärme. Beide Ehepartner waren Nachkommen alteingesessener Familien aus Britannien, sehr gebildet und sozial in Clubs und Kirche engagiert. Putzte ich in nachmittäglicher Stille das Tafelsilber oder unterhielten wir uns nach getaner Arbeit vor dem prasselnden Kaminfeuer, dachte ich an die negativen Urteile von Jan van der Bos, der alle Neuseeländer über einen Kamm schor. Er nannte sie interesselos, faul, schmutzig und ungebildet. In diesem Land gab es ein Gemisch von Menschen, die sich voneinander genau so unterschieden wie in jedem anderen Land.

Ich bedauerte, dass ihm die Rückkehr in sein Geburtsland Java verwehrt war, ihm das Klima in Holland, im Land seiner Väter, nicht behagt hatte und ihm die Wahlheimat so wenig zusagte. Ich bin mir heute noch sicher, dass seine negativen Bilder über Land und Leute mein Heimweh wesentlich geschürt und meine Stimmung in den ersten Wochen verdüstert hatten.

Wie alt mochten die Hamiltons gewesen sein? Ihre einzige Tochter war sechzehn Jahre alt - neun Jahre jünger als ich. Sie besuchte in Wellington eine Schule, die auch Mrs. Hamilton besucht hatte, angeblich die beste im Lande. Ich beneidete die Tochter und war dankbar, einmal in der Woche von der Fürsorge ihrer Eltern zu profitieren. Mrs. Hamilton war durch ihre sozialen Engagements sehr beschäftigt, weshalb sie statt in der Backröhre schnelle und sehr schmackhafte Gerichte in ihrer elektrischen Bratpfanne zauberte. Nach den ersten Wochen lud sie mich nach getaner Arbeit zum Essen ein. Anschließend tranken wir Tee vor dem Kaminfeuer im Wohnzimmer und unterhielten uns über das, was wir liebten, und über die Unterschiede zwischen Neuseeland und Europa.

Mr. Hamilton war am Flughafen als Ingenieur beschäftigt. Freiflüge nützte die Familie, um in Stratford-on-Avon die Shakespeare-Festspiele und gelegentlich auch den Kontinent zu bereisen. Shakespeare war dann der Aufhänger für einen regen Austausch über englische Literatur. Mrs. Hamilton führte mich in ihre Bibliothek. Ich staunte. In Deutschland herrschte Wohnungsnot, da lebten und schliefen meine Mutter und Schwester noch in einem nassen, ungesunden Kellerloch und hier gab es ein Zimmer, dessen Wände vom Boden bis zur Decke Regale mit wertvollen, in Leder gebundenen Büchern enthielten, darunter viele Erstausgaben. In einer Ecke stand ein Sekretär mit einem ledergepolsterten Stuhl. Gemütliche Sessel mit buntgeblümten Bezügen luden zum Kuscheln und Schmökern ein. Sehe ich einen Rosamunde Pilcher Film, erlebe ich gedanklich die unwiederbringlichen Stunden bei den Hamiltons. Sonderbarerweise hatte mich im Hause der Boons keines der vielen leer stehenden Zimmer, der Ballsaal oder der Billardraum an unsere miserable Wohnsituation im Keller eines Fürther Hinterhauses erinnert.

Um mein Englisch zu fördern, lieh mir die einstige Lehrerin erst Kinderbücher aus dem Zimmer ihrer Tochter, später englische Klassiker und Shakespeare. Neben dem finanziellen Segen sorgte sie für mein geistiges und mit den Einladungen zum Essen für mein leibliches Wohl.

Meine Freundin Cathrin arbeitete später als Krankenschwester in der gerontologischen Abteilung des Krankenhauses in Christchurch. Kurz nach meinem mehrmonatigen Besuch nach fast fünfundzwanzig Jahren und dem Austausch unserer Erinnerungen wurde ein Mr. Hamilton aus Fendalton auf ihrer Station eingeliefert. Ihr Akzent verriet nach dreissigjährigem Aufenthalt im Lande noch immer ihre Herkunft. Holland! Er kannte Holland und die meisten europäischen Länder und, nun ja, sie hatten vor vielen Jahren einmal eine junge Deutsche beschäftigt, kurz nach deren Einwanderung.

Ich freute mich sehr über seine Grüße und bedauerte, dass er Monate später starb. Es bedarf nicht der Pilcherfilme oder des Lieblingsrezeptes seiner Frau, um die Erinnerungen an diese liebenswerten Menschen und die gemütlichen Stunden in ihrer Gesellschaft jemals zu vergessen.

Leber und Schinken Hot Pot

500 g Kalbsleber, 500 g Räucherspeck, 3 Äpfel, 1 Zwiebel,
2 mittelgroße Tomaten, ½ l Brühe, Salz und Pfeffer

Leber in mundgerechte Stücke schneiden, Räucherspeck fein würfeln
oder hacken, Äpfel schälen und das Kerngehäuse ausstechen.
Äpfel und geschälte Zwiebel in dünne Ringe schneiden.
Tomaten im Mixer pürieren.
Bratpfanne erhitzen, Schinken anbraten und mit den Zwiebelringen bräunen,
Äpfel und Leber zugeben und leicht anbraten.
Die Mischung mit den pürierten Tomaten und der Brühe aufgießen.
Etwa 30 Minuten auf kleiner Flamme köcheln oder in einer Kasserolle im Ofen
bei Grad 160 Grad garen.
Soße nach Belieben mit etwas Stärkemehl eindicken.
Mit Kartoffelbrei und Gemüse reichen.

Spaghetti mit Languste oder Scampis

Neben meiner Arbeit im Krankenhaus und meinen Putzstellen half ich Mrs. Dawson in meinen Pausen an drei Nachmittagen. Sie fand immer etwas für mich zu tun. Dass sie dabei peu á peu mein hausfrauliches Geschick unter die Lupe nahm, fiel mir nicht auf. Ihr Mann lobte die gebügelten Hemden. Er wusste ja nicht, dass ich Wochen vorher an einem überquellenden Wäschekorb weißer Hemden für Mr. Boon die ersten Hemden gebügelt und stundenlang geübt hatte. Mrs. Dawson bewunderte meine Art zu stricken und meine handgearbeiteten Pullover. Über die gestopften Strümpfe ihres Sohnes brach sie geradezu in Begeisterungsstürme aus. So etwas konnte sie nicht und hatte sie auch noch nie gesehen. Sie verstand nur, die Löcher mit ein paar Stichen zu einer Naht zusammenzuziehen. Was konnte ich eigentlich nicht?

Ja, da gab es leider etwas, was ich nicht konnte. Das bemerkten wir erst später, als ich unter ihrem Dach lebte.

Vier Wochen vor der Niederkunft des Babys stellte der Frauenarzt bei der Schwangeren fest, dass sie Zwillinge erwartete. Ihr bleiches Gesicht drückte immer Duldsamkeit und Würde aus. Als sie mir diese Neuigkeit offenbarte, wirkte sie mit den gefalteten Händen auf der Wölbung ihres Leibes und den widerspenstigen Ringellöckchen in der Stirn fast ätherisch. Dieser doppelte Segen erklärte ihre Unförmigkeit und stellte sie vor ein Problem. Wie sollte sie mit zwei weiteren Kindern die Arbeit im Hause schaffen? Sie brauchte eine Hausangestellte. Ob ich mir ein Leben in ihrem Hause vorstellen könnte?

Doppelter Lohn bei freier Unterkunft und Verpflegung, ein geschmackvoll eingerichtetes Zimmer mit Mahagonimöbeln im Tudorstil sowie Familienanschluss lockten. Ich sah die erste Hürde bei den Beamten des Arbeitsamtes und bat um Bedenkzeit. Mit meiner Immigration, mit der Unterschrift eines Vertrages hatte mein sozialer Abstieg begonnen. Vertraglich musste ich zwei Jahre lang niedere Dienste verrichten. Ich blieb den Neuseeländern zwar auf der Domestikenebene erhalten, doch wie sah das mit dem Wechsel des Arbeitgebers aus? Mrs. Dawson winkte ab. Das würde ihr Mann für mich erledigen.

Das für mein Gewissen größere Problem war die Oberin. Wie sollte ich ihr meine Kündigung beibringen? Diese liebenswerte Frau hatte mich seelisch aufgerichtet, mit einer netten Familie bekannt gemacht und mich zu mehreren Gesprächen in ihre Wohnung eingeladen. Besonders schätzte ich, dass sie und nicht Jan van der Bos nach meiner Fracht geforscht und für deren Lieferung gesorgt hatte. Es war unloyal, ihr mit meiner Kündigung in den Rücken zu fallen?

Darüber hinaus gab es noch ein weiteres Problem. Zwischen Cathrin und mir war eine enge Freundschaft entstanden. Die wenige Freizeit, die mir blieb, verbrachten wir gemeinsam. Unsere Einzelzimmer hatten wir mit Erlaubnis der Oberin in ein Wohn- und ein Schlafzimmer umfunktioniert. Schrieben wir keine Briefe, machten wir Handarbeiten und lauschten klassischer Musik von meinen Tonbändern. Trudy und Cathrin besaßen Führerscheine und einen Motorroller, den ihr Vater von Holland geschickt hatte. Die milderen Temperaturen, die den Frühling erahnen ließen, verführten zu Ausflügen. In den freien Nachmittagstunden am Samstag und Sonntag besuchten wir die malerischen Strände der Stadt oder der näheren Umgebung. Ich liebte das Meer und war Cathrin dankbar für die erholsamen Stunden, die in mir ganz langsam die Liebe zu Neuseeland weckten. Mit Macht sehnten wir den Sommer herbei, um nicht nur unsere Füße von den ausrollenden Wellen überspülen zu lassen.

Trudys Freund erfuhr von meinem Stellenangebot und stellte für mich die Weichen. Er erklärte mich für "gek", weil ich mir Bedenkzeit für das lukrative Angebot der Dawsons ausbedungen hatte. Verrückt oder töricht wollte ich nicht sein. Jan lebte schon lange in Neuseeland, kannte sich aus und hatte Recht. Als Dienstmädchen im Hause einer Pfarrersfamilie musste ich nicht länger von Job zu Job hetzen und erhielt obendrein mehr Geld. Meine Sucht nach Mammon machte mich in dieser Zeit zwar nicht glücklicher, aber jedes ersparte Pfund, umgerechnet elf Mark, brachte mich schneller nach Deutschland zurück.

Am Beruf meines künftigen Arbeitgebers zweifelte ich keinen Augenblick. Verließ das Ehepaar abends das Haus für ihre Versammlungen, trug Mrs. Dawson ihre Bibel unter dem Arm. In den Bücherregalen standen in Leder gebundene Bücher religiösen Inhalts. Auch die Jüngste drückte mir oft ihre Bilderbibel zum Vorlesen in die Hand. Über die Fragen der älteren Kinder, ob ich eine von ihnen sei, zerbrach ich mir nie den Kopf. Die Mitglieder der Familie glaubten an Gott, waren Christen, was wollte ich mehr?

Ich spürte mein Herz unter der Schädeldecke schlagen, als ich bei der Oberin an der Tür klopfte und ihr stotternd meine Kündigung vortrug. "Eine

Pfarrersfamilie! Hm, in welcher Kirche ist Mr. Dawson Pfarrer?" Die Frage konnte ich nicht beantworten. Meine Beobachtungen und die Feststellung, dass Mr. Dawson auf der Orgel im Wohnzimmer Kirchenlieder spielte, genügten der Oberin. Bei diesen Leuten konnte ich nicht auf die schiefe Bahn geraten. Das tröstete sie über meinen Verlust als Arbeitskraft hinweg. Auch freute sie sich, dass ich in eine Familie eintauchte, was mein Heimweh kurieren würde.

Mrs. Boon nahm meine Kündigung zwar mit Bedauern, doch sehr gelassen hin. Ich weiß nicht, ob sie wieder jemand zum Putzen beschäftigte oder ihr Haus erneut in einem grauen Meer versank, in dem sie von Nikotinschwaden umhüllt und vom Inhalt vieler Whiskyflaschen wie auf Wolken herumtappte. Als sie Jahre später starb, heiratete Mr. Boon wieder. Ob die vierte Frau sich an seiner Seite ebenfalls zu Tode soff oder seinen Reichtum erbte, interessierte mich nicht. Ich fand es empörend und unverantwortlich, dass Melanie an seiner Seite dem Alkohol verfallen war und seine Siamesischen Katzen ihm mehr bedeutet hatten als die Gesundheit seiner Frau.

Am meisten bedauerte ich, dass die für mich so geschätzten Stunden bei den Hamiltons wegfallen würden. Sie verstanden meinen Entschluss für die gute Stelle im Hause eines Pfarrers. Durch ihr persönliches Engagement in ihrer Gemeinde kannten sie die Geistlichen der unzähligen Kirchen in der Stadt namentlich. Dawson? War er wirklich ein Pfarrer?

Nach dem langen kalten Winter war es Frühling geworden. Bekannte und unbekannte Vögel weckten mich morgens oder sangen mich abends in den Schlaf. Der Himmel strahlte in einem Blau, das intensiver schien als in Deutschland. Immergrüne Büsche erblühten in Weiß, Rosa, Rot und in Rotweiß meliert: Kamelien. Welch ein Zauber. Zartes Grün vermischte sich mit Gelb und Rosa. Über und über mit Blüten beladene Tulpenbäume verlangten Bewunderung. Der Duft mancher Blumen konnte süchtig machen.

Die Busroute zum Stadtteil Fendalton war und ist eine der schönsten in Christchurch. Sie führt am Botanical Garden und am Hagley Park entlang. Kirschbäume in voller Blütenpracht und üppig blühende Narzissen in der Wiese ließen die Herzen der Fotografen höher schlagen, wie die neuseeländischen Kalender und Bildbände zeigten und heute noch zeigen.

Keine Wolke trübte den Himmel an meinem letzten Arbeitstag bei den Hamiltons. Trotzdem meinte ich, diese schöne Welt durch einen Nebelschleier zu sehen. Mrs. Hamilton hatte nicht vergessen, dass ich noch keine Languste gegessen hatte. Deshalb kochte sie mir zu Ehren ein kleines Festessen, eine etwas größere Portion Spaghetti mit Languste, die sie normalerweise als Vorspeise reichte.

Als Abschiedsgeschenk erhielt ich neben einer Dose Shortbread-Plätzchen das neueste Buch von Paul Galleco: *Mrs. Harris goes to Paris*. Die Parallelität zwischen der Protagonistin und mir: wir arbeiteten als Putzfrauen für ein Ziel. Sie sparte für eine Reise nach Paris, um sich ein Kleid von Dior zu kaufen, ich für die Auflösung meines Vertrages und meine Heimreise. Mrs. Hamilton sagte in etwa: "Ich hoffe, dass Sie Ihre Meinung ändern und für immer in Neuseeland bleiben. Es ist ein wunderschönes Land, in dem es sich gut leben lässt."

Spaghetti mit Languste oder Scampi

(für zwei Personen)

250 g Scampi, ½ Knoblauchzehe, 1 EL Butter, 1 gehäufter TL Mehl,
½ Tasse Hühnerbrühe, Salz und Cayenne Pfeffer, 1 Prise Muskatnuss,
1 TL Tomatensoße, 1 Eidotter, 1/4 Tasse Sahne, ½ TL Zitronensaft,
1 Pfund Spaghetti

Langustenfleisch in Würfel schneiden (Scampi teilen).
Bratpfanne erhitzen, Knoblauchzehe in Butter leicht anbraten,
Langusten- oder Scampiwürfel zugeben, kurz braten, nicht bräunen,
herausnehmen und warm halten.
Mehl in die Pfanne streuen und verrühren, mit Hühnerbrühe löschen.
Mit Salz, Cayenne Pfeffer, Muskatnuss und Tomatensoße abschmecken.
3 Minuten köcheln. Knoblauchzehe herausnehmen.
Dotter mit Sahne aufschlagen, in die Soße geben, bis zum Kochen bringen,
doch vor dem Aufkochen Hitze entfernen.
Zitronensaft unterrühren.
Auf die gekochten Spaghetti Langusten- oder Scampifleisch geben,
mit Soße bedecken und sofort servieren.

Zitronen-Meringue-Torte

Am Tag, an dem Mr. Dawson seine Frau für die Entbindung ins Krankenhaus fuhr, holte er die Handwerker ins Haus und ließ die Wohnküche umbauen. Ich verstand diese Geldausgabe nicht, hielt sie auch Monate später noch für eine Verschwendung. Die Küche war für damalige deutsche Verhältnisse ein Traum. In diesem Haus fehlte kein arbeitserleichterndes Gerät. Der in Amerika hergestellte elektrische Herd verfügte über fünf Platten und eine Backmulde. Die Zeitschaltuhr für jedes einzelne Element hielt ich für die tollste Innovation, obwohl sie nie benutzt wurde. Neben dem eineinhalb Meter hohen Kühlschrank stand ein gleich großer Gefrierschrank. Einer vollautomatischen Waschmaschine konnten wir alles, sogar Kleidung aus feinster Merinowolle, anvertrauen. Die wahre Hilfe der modernen Hausfrau jedoch fehlte: eine Geschirrspülmaschine. Und für dieses Gerät musste die Küche umgebaut werden.

Für die Babys hatte ich je eine Ausfuhrgarnitur gehäkelt, die Mrs. Dawson im Krankenhaus wieder in Begeisterungsstürme ausbrechen ließ. So etwas Schönes hatte sie noch nie in Händen gehalten, meinte sie. Damals ahnte ich nicht, dass ich sechs Jahre später, vor der Geburt meines Sohnes, Babygarnituren kommerziell häkeln würde.

Wie immer strahlte Zufriedenheit aus Mrs. Dawsons Gesicht, und natürlich freute sie sich über meinen Besuch und noch mehr über meinen bevorstehenden Einzug in ihr Haus. Ihr ging es gut. Die winzigen Babys, Jacob und Mathew, waren gesund und schlummerten friedlich in ihren Bettchen im selben Zimmer. Mathew war der schwächere, wog ein knappes Pfund weniger als sein Bruder. Zwei Tage später starb Jacob an plötzlichem Herzversagen. Die Beerdigung des ungetauften Kindes fand einen Tag vor meinem Einzug in das Haus, zwei Tage vor Mrs. Dawsons Entlassung, statt.

Handwerker im Haus sorgen für Unordnung und Schmutz. Die neuseeländischen Schreiner, Elektriker und Maler unterschieden sich in der Hinsicht nicht von ihren deutschen Kollegen. Im Gegenteil, sie arbeiteten vielleicht noch eine Spur gedankenloser. Außerdem hatte mein neuer Arbeitgeber nicht daran gedacht, die Verbindungstüren zum Korridor, zum Ess- und Wohnzimmer sowie zur

Speisekammer zu schließen. Schmutz überall! Mein Ehrgeiz wurde zum Propeller, der mich vorantrieb. Das Haus sollte für die Dame des Hauses und das Baby blitzen. Ich war den ganzen Tag allein. Mr. Dawson fuhr sehr früh zu seinen Eltern, um die Kinder in die Schule zu bringen und kam erst nach Hause, wenn ich erschöpft im Bett lag. Niemand behinderte meinen Tatendrang. Ich schaffte, was ich mir vorgenommen hatte. In den sonnendurchfluteten Zimmern tanzte kein Stäubchen. Alles glänzte, sogar das edle, aus England importierte Porzellan in der Vitrine. Meinen Arbeitseinsatz belohnten sie mit Geschenken.

Mathew wurde wegen seines Untergewichts nicht in häusliche Obhut entlassen. Er bedurfte der Ruhe und speziellen Pflege, weshalb er im Karitane-Baby-Hospital einzog, das ich vor zwei Tagen verlassen hatte. Die Frühchen waren dort nur zwei Zimmer von meinem entfernt untergebracht. Oft hatte ihr nächtliches Geschrei meine Träume synchronisiert.

Normalerweise wohnten die Mütter lebensschwacher oder kranker Babys im "Mutterhaus" des Karitane, wo sie sich selbst versorgten und mit den Schwestern die Kleinen gemeinsam betreuten. Das Haus der Dawsons befand sich nur einen Steinwurf vom Krankenhaus entfernt, das eine Einrichtung von besonderer Art war und einer kurzen Erklärung bedarf:

Lord Plunket gründete als Generalgouverneur Anfang des zwanzigsten Jahrhunderts die Royal New Zealand Society für die Gesundheit von Müttern und Kindern. 1907 lud Sir Frederic Truby King in seinem Haus in Karitane auf der Nordinsel zu einer Versammlung der Gesellschaft ein, um über weitere Beschlüsse abzustimmen. In den folgenden Jahren erstanden im Land Einrichtungen, die nach dem Wohnsitz von Sir Truby King Karitane-Baby-Krankenhäuser benannt wurden. In ihnen wurden ausschließlich Schwestern in achtzehn Monaten für die Betreuung von Müttern und Kindern ausgebildet. Manche Schwestern bewarben sich nach dem Examen bei reichen Farmern in Australien oder in England bei wohlhabenden Familien als "Nanny". Die jungen Schwestern liebten ihre Arbeit, erhofften sich nebenbei das große Glück in der Fremde und bewunderten den Mut meiner holländischen Freundinnen und den meinen.

Da war es wieder dieses Wort. Mutig hatten mich Freunde und Bekannte in Deutschland genannt. Mutig nannten mich vor meinem Stellenwechsel auch einige junge Schwestern. War ich eine mutige Frau? Warum machten sie ein solches Wesen um die Veränderung in meinem Leben? Sie waren in Neuseeland zu Hause. Sie kannten sich aus, hatten mir als Babysitter gern die Kinder der frommen Pfarrersleute überlassen. Warum wohl, fragte ich mich später.

Ich kannte alle großen Weltreligionen. Bis im September 1959 hatte ich die Christen grob in Katholiken und Protestanten unterteilt. Letztere bildeten in Neuseeland wiederum mehrere Gruppen: Presbyterianer, Methodisten, Lutheraner, Baptisten, Anglisten, um die hauptsächlichen zu nennen. Welcher Glaubensgemeinschaft stand nun mein Chef als Pfarrer vor?

Nach der Heimkehr von Mutter und Kindern saßen wir am Morgen des nächsten Tages versammelt am Frühstückstisch in der großen Wohnküche. Mr. Dawson sprach das Morgengebet ohne Händefalten. Nach dem Frühstück griff Peter zur Bibel und las aus dem Buch Ruth, zwar zu meinem Namen passend, aber nicht zu meinem Verhalten. Ich hatte die eigene Mutter verlassen. Warum? Wofür? Die Auslegung dieser Bibelstelle fand ich etwas befremdend. Vielleicht lag es am englischen Text.

Nach der Diskussion des heiligen Wortes knieten wir vor unseren Stühlen nieder und Mr. Dawson sprach das Gebet für den Tag und erflehte Gottes Segen auch für meine Verwandten. Danach herrschte Aufbruchsstimmung. Die Kinder mussten in die Schule, Mrs. Dawson ins Karitane und der Familienvater in die Arbeit. Weil letztere mich sehr interessierte, fragte ich Mrs. Dawson Stunden später, in welcher Kirche ihr Mann Pfarrer sei. "Kirche? Pfarrer?" Wie kam ich denn zu dieser Annahme? Grenzenlose Verwunderung über meine Fantasie.

Meine Arbeitgeber waren Mitglieder der geschlossenen Brüdergemeinde, die es auch in Deutschland gab, von der ich jedoch nie zuvor gehört hatte. Am Sonntag lieh mir Mrs. Dawson einen Hut, um mit ihnen den Abendgottesdienst zu besuchen. Dort kam ich mir vor wie ein seltenes Tier im Zoo. Mrs. Dawson wurde begrüßt, beglückwünscht, bestaunt und in ihrem Gefolge umarmten mich wildfremde Frauen. Sie hießen mich herzlich willkommen und freuten sich, dass ich den Dawsons half. Wie in Neuseeland üblich redeten sie mich mit meinem Vornamen an. Für mich waren und blieben die Damen und Herren bis zu unserer Trennung Mr. und Mrs. Soundso. Ich war keine Schwester ihrer Glaubensgemeinschaft und Respekt musste gewahrt bleiben. Für die im Hause lebenden Kinder und deren Spielgefährten war ich Miss Ruth.

Vor dem Besuch der Versammlung hatte ich Mr. Dawsons Eltern kennen gelernt. Vor der Halle traf ich sie wieder mit Brüdern, Schwestern, Cousinen und

Cousins der Familie. Alle schienen miteinander verwandt oder verschwägert. Ausgebildete Theologen gab es nicht. Mr. Wilkens predigte und der alte Herr Dawson spielte die Orgel. Das Thema kreiste um den ungetauften, verstorbenen Jakob. Würden sie ihn im Himmel wieder treffen?

Diese Art Gottesdienst berührte mich eigenartig. In der mausgrau gestrichenen, schmucklosen Halle wirkten die behüteten und behandschuhten Damen ohne jedes Make-up wie Schatten. Keine von ihnen trug das Haar kurz. In dieser Hinsicht passte ich mit meinem Pferdeschwanz und ohne jede Schminke zu ihnen, aber sonst?

Seit drei Monaten ging ich mit meinen Freunden regelmäßig jeden Donnerstag ins Kino. Am ersten Donnerstag nach meinem Umzug holte mich Cathrin ab. In einem Lichtspieltheater lief ein deutscher Film. In meiner Vorfreude und ohne etwas von den strikten Regeln der Brethren zu wissen, hing ich das Vergnügen an die große Glocke.

Am Nachmittag des folgenden Tages saß ich mit Flickarbeiten auf der Terrasse. Die Filmmusik klang in mir nach und auch der Filminhalt. Die Kinder spielten Kricket auf dem Rasen des unteren, unbebauten Grundstücks. Ab und zu hörte ich den Aufschlag des harten Balles auf Holz, dem Jubelgeschrei folgte. Mrs. Dawson ruhte gewöhnlich zu dieser Zeit. An diesem Tag opferte sie ihre Siesta einem guten Zweck. Ich bedurfte der Gehirnwäsche.

Mit meinem Kinobesuch hatte ich den Weg des Bösen beschritten. Ein schlimmes Vergehen vor Gott und den Augen ihrer Kinder. Sie redete mit geschlossenen und offenen Augen und versuchte, mich auf dem direkten Weg zu Gott mitzunehmen. Dieser Pfad war ungesäumt von Radio, Kino, Theater und schöngeistiger Literatur. Wir diskutierten stundenlang, ohne auf einen Nenner zu kommen. War alles falsch, was ich gelernt und was unser Pfarrer uns beigebracht hatte? Nach Feierabend schrieb ich einen ausführlichen Brief an den Geistlichen, der meine Mutter konfirmiert, getraut, mich getauft und konfirmiert hatte. Ich wartete vergebens auf seine Antwort. Etwa vier Monate später kam der Brief per Seepost zurück mit dem Vermerk "unbekannt verzogen".

Ich lebte im Hause von Mitgliedern einer Glaubensgemeinschaft, die sich für die einzig von Jesus Auserwählten hielten. Sie bemühten sich um die Rettung meines Seelenheils, wollten mich zu einer der ihren bekehren. Was ich im Hause erlebte, sah und beobachtete, entsprach nach meinem Verständnis nicht der Demut wirklicher Christen. Mr. Dawson betrachtete ich als wahren Künstler. Er spielte ausgezeichnet Orgel nach Gehör. Eine einmal gehörte Melodie konnte er mit und ohne Variationen wiedergeben. Neben diesem Talent konnte er jede Stimme nachahmen. Als Komiker oder Bauchredner hätte er die Herzen der Menschen im Sturm erobert. Sprach er plötzlich mit der Zunge von Bruder Soundso, passierte es nicht selten, dass ich mich umsah und nach der Person schaute. Ahmte er zur Freude der Kinder Ticks oder Gebrechen von Brüdern und Schwestern nach, fand ich das zwar gekonnt, aber äußerst unchristlich. Ich hatte gelernt, nicht über die Gebrechen meiner Mitmenschen zu spotten.

Sonntag war der Tag des Herrn. An diesem Tag wurde nicht gearbeitet. Die Familie besuchte dreimal täglich die Versammlungen. Ich brachte nach dem samstäglichen Badevergnügen der ganzen Familie das elegante, mit schwarzem und altrosa Plexiglas verkleidete Badezimmer auf Hochglanz und kochte das Mittagessen. Es gab immer kalten Lammbraten mit Minzsoße, Salzkartoffeln und Salat, gefolgt von einem Dessert. Nachmittags hatte ich frei.

Zwischen Mr. Dawson und mir entbrannte ein wahrer Wettstreit im Dekorieren der Salatschüssel. Der Eisbergsalat, den es 1959 schon in Neuseeland gab, wurde in feinste Streifen geschnitten, in eine ausladende Kristallschale gegeben und oben mit Eiern, Tomaten, Gurken, Erbsen, Käse und, und, und verziert. Dazu gab es eine widerlich schmeckende Soße aus süßer Kondensmilch, die mit Salz, Malzessig und Senfpulver angerührt wurde. Eine Vinaigrette oder eine aus Mayonnaise, Yoghurt und Kräutern gemischte Soße kannten die Neuseeländer nicht. Speiseöle gab es damals nicht in normalen Lebensmittelläden. Sie waren außerdem "igitt" und wurden nicht verwendet.

Nach ihren Morgenversammlungen luden die Dawsons oft Freunde zum Mittagessen ein. Hatte Mr. Dawson den Salat dekoriert, sagte seine Frau grundsätzlich: "Bitte bewundert die Kunst meines Mannes, ehe ich sie zerstöre. Ich bin leider nicht derart begabt und dankbar für sein Talent." Erst dann lud sie zu dem von ihrem Mann am anderen Tischende aufgeschnittenen Fleisch den Salat und die Salzkartoffeln auf die Teller, die rundum gereicht wurden. Diesen Kommentar ersparte sie sich, hatte ich den Salat nicht minder dekorativ angerichtet. Kein Wunder, dass in mir schnell die Lust und Liebe an diesem Wettstreit erlosch.

Einer der Oberhirten von Übersee bereiste die Gemeinden in Neuseeland. Wird er mit seiner Frau den Dawsons die Ehre erweisen und mit ihnen speisen?

Sie sagten zu. Der Oberhirte und Glaubensbruder war blind. Die Macht der Gewohnheit ließ grüßen! Mrs. Dawson wies ohne Überlegung auf das Kunstwerk ihres Mannes hin, bevor sie der Frau des Blinden nach den Kartoffeln Salat auf den Teller hob.

"Schwester Edith", sagte der Mann. "Es freut mich, wenn du das Talent deines Mannes lobst. Was würde ich dafür geben, könnte ich das Kunstwerk wie du bestaunen?"

Die Frau des Oberhirten half Mrs. Dawson aus der Verlegenheit. In einer bewundernswerten Weise beschrieb sie diese Salatschüssel anschaulich, wie auch den gedeckten Tisch. Um diese Gabe bewunderte ich sie!

Der Blinde saß neben mir. Immer wieder schielte ich nach rechts und staunte, mit welchem Geschick dieser Bruder das Besteck handhabte und seinen Teller leerte. War er wirklich blind?

Als Nachtisch hatte ich eine Zitronen-Meringue-Torte gebacken. Sie wurde bei Dawsons heiß mit Vanilleeis gegessen. Nach dem ersten Löffel fragte der Blinde: "Wer hat diese Speise zubereitet?" "Miss Ruth," sagten die Dawsons wie aus einem Munde. Ja, die Hausangestellte, die sie noch nicht zum wahren Glauben bekehren konnten, die noch immer auf dem Weg des Bösen wandelte, hatte diese Nachspeise zubereitet.

"Dieses Dessert schmeckt himmlisch", sagte der blinde Oberhirte. Nach einigen genießerischen Schweigeminuten fügte er zu meiner Freude hinzu. "Ich bin sicher, dass sie als Nichtmitglied einen Platz im Himmel bekommt, wenn sie für unseren himmlischen Vater und seinen Sohn diese Köstlichkeit serviert."

Erst vor einigen Jahren, als ich in dem Café des ältesten und elegantesten Warenhauses in Christchurch diese Torte sah und bestellte, fielen mir die Worte des Oberhirten der Brüdergemeinde wieder ein.

Nachdem mein Tod immer näher rückt, backe ich diese Torte wieder und wieder, damit sie mir zur Perfektion gelingt und mir eventuell zu einem Platz im Himmel verhilft. Den Brethren möchte ich dort möglichst nicht begegnen.

Zitronen-Meringue-Torte

Für den Teig:
75 g Butter, 75 g Zucker, 1 Vanillezucker, 1 Ei, 200 g Mehl, 1 TL Backpulver

Für die Füllung:
1 kleine Tasse Zucker, 2 EL Mehl, 3 EL Mondamin, 1/4 TL Salz,
1 ½ große Tassen Wasser, Saft von 2 Zitronen,
geriebene Schale von 1 Zitrone,
2 EL Butter, 4 Eier (getrennt) 6 TL feiner Zucker

Zubereitung:
Für den Teig alle Zutaten vermischen, kneten und eine halbe Stunde kühlen.
Eine Springform (möglichst 23 cm) auslegen, die Seiten leicht hochziehen
und backen.

In einem mittelgroßen Topf Zucker, Mehl, Mondamin und Salz mit Wasser,
Zitronensaft und -schale gut vermischen.
Bei mittlerer Hitze unter Rühren zum Kochen bringen. Butter zugeben.
Eigelb in einer kleinen Schüssel schaumig schlagen und
unter den Pudding rühren. Bei mittlerer Hitze nochmals
zum Kochen bringen.
Während der Zitronenpudding abkühlt,
Eiweiß in einer Glas- oder Metallschüssel zu steifem Schnee schlagen,
löffelweise den Zucker zugeben und so lange schlagen,
bis Spitzen stehen bleiben.
Von der Springform den Ring entfernen.
Zitronenpudding in den gebackenen Boden gießen, gleichmäßig verteilen.
Mit dem steif geschlagenen Eierschnee bis zum Rand überziehen,
dabei kleine Spitzen mit einer Kuchengabel zupfen.
Im vorgewärmten Ofen (175 Grad) auf der zweiten Stufe von unten
10 Min. backen, bis die "Meringue" goldbraun ist.
Auf einem Gitter auskühlen lassen. Vor dem Servieren in den Kühlschrank
stellen oder noch warm mit Vanilleeis servieren.

Rote Bete in Götterspeise

Es war an einem Montag in den ersten zwei oder drei Wochen nach meinem Umzug, als Mrs. Dawson Mathew im Karitane versorgte. Das Telefon klingelte. Montag war Waschtag. Ich wechselte die Betttücher in den Betten des ersten Stocks und hetzte nach unten. Cathrin war am Apparat. "Du bekommst gleich Besuch. Mehr verrate ich nicht." Klick. Das Gespräch war beendet. Wer sollte mich besuchen? Walter? Eher unwahrscheinlich.

Statt unten zu bleiben, ging ich wieder nach oben und machte die Betten. Esther radelte durch den Garten. An diesem Tag unterhielt sie sich nicht mit Blumen und Insekten. Nein, sie spielte Miss Ruth from Germaniiiii. Die fast Vierjährige besaß die Gabe ihres Vaters. Sie ahmte Stimmen nach, und das bei einer angeregten Fantasie. Eine tiefe Männerstimme setzte ihren Selbstgesprächen ein Ende. Mein Besuch? Ich klemmte die Betttücher unter den Arm, eilte nach unten, durchquerte die Küche zum Waschhaus und sah vor dem Fenster zwei Männer, die auf Esther herabblickten. War denn das die Möglichkeit? Ich warf die Betttücher auf den Küchentisch und riss die Hintertür auf. Vor mir standen Rock und Klaus, der älteste und jüngste deutsche Auswanderer von der MS *Sibajak*.

Ich habe längst vergessen, wie sie die Adresse vom Karitane herausgefunden hatten. Cathrin hatte ihnen den Weg zu Dawsons Haus gewiesen und nichts weiter verraten dürfen. Eine gelungene Überraschung. Beide überragten mich um mindestens vierzig Zentimeter. Rock riss mich stürmisch in die Arme und schwenkte mich im Kreis herum. Das war eine Freude, die ich schnell dämpfte. Rock behauptete nämlich, dass ich im Gegensatz zu den meisten deutschen Frauen mit beiden Beinen fest auf neuseeländischem Boden stünde. Falsch gedacht! Mir stiegen die Tränen in die Augen. Tränen der Freude über das unverhoffte Wiedersehen und des Heimwehs. Das Wiedersehen, die Erinnerungen an die gemeinsamen Wochen auf dem Schiff, meine Sehnsucht nach meinen Lieben so fern von mir.

Beide Männer befanden sich auf einer Erkundungsreise durch die Südinsel. So bald schon? Die Nordinsel kannten sie bereits. Wie das? Mussten sie nicht arbeiten? Nein, sie hatten ihren Vertrag gebrochen. Wellington sagte ihnen nicht zu, wie auch den anderen Deutschen. Sie wussten über alle Bescheid. Ich platzte vor Neugier. Sie waren in Eile, wollten nicht ins Haus kommen. Abends gab Hildesuse Gärtner eine Partie, zu der sie Cathrin schon die halbe Zusage entlockt hatten. Falls es wegen des Transports mit dem Familienroller Schwierigkeiten geben sollte, würden sie uns abholen. Sie begleiteten mich in die Küche, wo ich Hildesuses Adresse und Telefonnummer notierte.

Beide gingen davon aus, dass ich Hildesuse Gärtner kannte und waren sprachlos über meine Ignoranz. Für Sport interessierte ich mich so gut wie nicht und hatte keine Ahnung von Meisterschaften im Skirennlaufen. Doch es sollte nur noch Stunden dauern, um der mehrfach deutschen Siegerin im Skiwettlauf persönlich die Hand zu drücken. Tja, sie war eine alte Bekannte von Rock, die die Winter in Neuseeland und Deutschland verlebte und sich als Skilehrerin ihren Lebensunterhalt verdiente. Sie kannte sich im Land aus und hatte ihm geraten, seinen Vertrag zu brechen, das Geld für die preisgünstige Reise zu erstatten und sich das Land anzuschauen. Nun war er mit seinem Freund Klaus unterwegs, um sich eine Stelle als Chefkoch in einem Hotel zu suchen.

Weil ich kein Tagebuch geführt habe und den Kontakt nach dem Abend mit ihnen verlor, weiß ich nichts über ihren Verbleib.

Von dem überraschenden Blitzbesuch der beiden war ich noch wie benommen, als Mrs. Dawson vom Krankenhaus zurückkam. Ich studierte gerade in meinem deutschen Kochbuch das Rezept für den Roten-Bete-Salat, hatte alle Zutaten für den Aufguss auf den Tisch gestellt, einschließlich gehackter Zwiebel. Mrs. Dawson hinterfragte mein Tun. Die gekochten Knollen hatte ich geschält, in Scheiben geschnitten und in eine Glasschale gehäuft. Aber nein, doch nicht so. Das ist für die Kinder viel zu umständlich zu essen und hinterlässt Flecken im Tischtuch. Es war Zeit für eine Tasse Tee. Ich füllte den Wasserkessel, schaltete ihn ein und ließ mich belehren.

Von dem Rest des kochenden Teewassers schüttete ich eine Tasse über eine Packung rote Götterspeise und rührte so lange, bis sich alle Kristalle gelöst hatten. Dann gab ich auf Geheiß der Hausfrau eine Tasse Malzessig mit einem halben Löffel Salz zu der Flüssigkeit, die sie ebenmäßig über die Roten-Bete-Scheiben goss. Und das sollte schmecken?

Tja, das war die zweite Überraschung an diesem Tag. Mein Vorurteil revidierte ich am nächsten Tag. Rote Bete in Götterspeise schmeckten ausgezeichnet, waren leicht auf dem Gabelrücken zum Mund zu balancieren und hinterließen keine Spritzflecken auf dem Tischtuch.

Beim Teetrinken, erzählte Esther vom Besuch der zwei großen Männer von Germaniiiii, die mir abends wie wandelnde Tagesblätter über unsere in Wellington verbliebenen Mitreisenden berichten wollten. Darauf freute ich mich. Wie mag es ihnen allen seit der Landung ergangen sein? Erinnerungen der Überfahrt blitzten durch mein Gehirn.

Vor unserem Landgang in Balboa warnte der Kapitän eindringlich durch Lautsprecheransagen vor Diebstählen. Die Passagiere sollten keine Wertsachen mitnehmen, die Pässe an Bord lassen, Frauen möglichst nicht ohne männliche Begleiter an Land gehen. Rock und Klaus hatten Erika und Elke wie in Curacao begleitet. Während Erika im Postamt Ansichtskarten aufgab, warteten Elke, Rock und Klaus auf der Straße. Im Vorbeigehen riss ein Schwarzer von Elkes Schulter die Beuteltasche und war im selben Augenblick wie vom Erdboden verschluckt. So schnell konnten die "starken" Männer gar nicht denken, wie die Blitzaktion gedauert hatte. Trotz Warnungen hatte Elke ihre wertvollste Habe in dieser Tasche in Balboa herumgetragen. Pass, Einreisegenehmigung und Geld waren weg. Schlimm war der Verlust der wenigen Fotos aus ihrer Kindheit von und mit ihren Eltern. Sie waren auf Nimmerwiedersehen verschwunden. Elke war nach dem Tod der Eltern in einem Berliner Waisenhaus aufgewachsen.

Warum hatte sie alle Warnungen in den Wind geschlagen? Warum hatte sie mir wie vereinbart nicht ihre Beuteltasche für meine Filmkamera geliehen? Wäre sie dann weg gewesen? Nein! Der Dieb hatte es nur auf ihre Tasche abgesehen, ihren Fotoapparat an ihrer Schulter hängen lassen. Und mir hatte mit nur einem männlichen Begleiter und zwei Frauen niemand die offen zur Schau getragene Kamera oder meinen Fotoapparat geklaut.

Elke sorgte für Schlagzeilen, zumindest in der Bordpresse. Der Kapitän informierte die Deutsche Botschaft und die Einwanderungsbehörde. Die Geschädigte bekam die Einreisegenehmigung ein zweites Mal ausgestellt sowie einen Ersatzpass bei der Landung. Für den Verlust des Geldes rief der Kapitän zu Spenden auf. In einer nagelneuen Handtasche und dazu passender Geldbörse trug sie ihren Schatz als Neureiche in ihr unbekanntes Leben. In Wellington brach sie schon nach wenigen Tagen ihren Vertrag mit dem Government. Ich weiß nicht mehr, was und wo sie arbeitete. Jede Woche wurde etwas von ihrem

Lohn für die Schiffsreise abgezogen, und den Staat austricksen konnten Immigranten nicht. Sie mussten jede Veränderung ihrer Arbeits- und Wohnsituation der Alien-Police (Fremdenpolizei) melden. Nichtbefolgen resultierte in einem Bußgeld. In der Hinsicht unterschieden wir uns von den Einheimischen, die spurlos untertauchen konnten.

Rock und Klaus erzählten von Leuten, die Cathrin nicht kannte. Sie langweilte sich, so wie ich mich beim Treffen mit ihren holländischen Reisegefährten langweilte. Dennoch saß sie geduldig neben uns, hörte zu oder tanzte mit dem einen oder anderen jungen Burschen, die Hildesuse Gärtner um sich versammelt hatte. Wer immer diese Frau war, sie gefiel mir nicht. Sie gebrauchte Fluchwörter, die uns Sally mit wahrer Freude beigebracht hatte, aber Mrs. Hamilton aus meinem Wortschatz verbannte und die ich in Deutsch nie benutzt hätte.

Das meiste, was Rock und Klaus von den Mitreisenden erzählten, habe ich vergessen. Nur Inges böse Erfahrungen sind in meinem Gedächtnis haften geblieben. Vor Antritt der Reise hatte sie sich brieflich mit einem Neuseeländer verlobt und Geld für die Einrichtung ihres Hauses überwiesen. Die Fotos des Zukünftigen, das stattliche zweistöckige Steinhaus, der flotte Wagen waren von dem vielen Herumzeigen am Schiff - und wohl auch schon vorher - ziemlich abgegriffen. Ja, ein stattlicher Mann, der nonchalant seinen Fuß auf die Stoßstange eines amerikanischen Straßenkreuzers gestellt und keck in die Kamera gegrinst hatte. Das Haus war fertig eingerichtet. Sie musste nur noch Gardinen nach ihrer Wahl aussuchen, hatte er ihr in einem Brief nach Tahiti geschrieben. Gedanklich sah ich sie an diesem Abend vor Zorn schäumen, weil ihr die Beamten trotz ihrer allseits bekannten Verlobung und baldigen Hochzeit einen Arbeitsplatz zuwiesen. Welch ein Gefühlschaos überschwemmte die Ärmste, denn der Verlobte wartete nicht am Kai, um die Beamten eines Besseren zu belehren. Tränenüberströmt musste sie wohl oder übel den vorgeschriebenen Weg der Behörde gehen. Zwei Tage später war sie froh darum.

Wo war das Geld, das sie ihm geschickt hatte? Na, das steckte in der einsam gelegenen Hütte an einem Strand mit notdürftiger Einrichtung. Den amerikanischen Schlitten hatte er vor Jahren aus Geldnot verkaufen müssen. In Wellington hatte er sie am Tage nach der Landung zwar mit einem großen Strauß Rosen, aber mit einem klapprigen Transportauto abgeholt. Für die Romanze hatte er sich um Jahre jünger gemacht.

Ihre Freundin Margarete hatte so etwas geahnt. Inge hatte nicht auf die Warnungen der treuen Freundin gehört, war wie immer zu vertrauensselig in ihr Unglück gerannt. Deshalb, nur deshalb hatte Margarete auch ihre Auswanderung betrieben. Das wussten wir alle. Wer hatte nicht über Inges Empörung über die Bevormundung der Freundin geschmunzelt? Nach der Enttäuschung hatte Margaret der Freundin wieder zu festem Boden unter den Füßen verholfen. Die beiden machten nun das Beste aus ihrer Situation und dachten vorerst nicht daran, wieder nach Deutschland zurückzukehren. Neuseeland gefiel ihnen, und was war Geld?

Von diesem Abend berichtete ich meinen Freunden in Deutschland und erhielt Nachhilfeunterricht in mehrfacher Hinsicht, ja, ich wurde sogar um die Bekanntschaft mit Hildesuse Gärtner beneidet. Das konnte ich nicht verstehen. Zufälle gibt es angeblich nicht, aber was war es dann? Etwa zur selben Zeit hatte eine deutsche Illustrierte von Dr. Hildesuse Gärtner einen Bericht über Neuseeland veröffentlicht. Heiner kaufte dieses Blatt regelmäßig wegen der Reiseberichte. Er schickte mir den Artikel, und ich schäumte vor Wut. Wie konnte diese Frau behaupten, dass die Alpenflora ihrer neuen Wahlheimat die europäische übertrifft, wenn sie nur die Winter in beiden Ländern als Skilehrerin verlebte? Wie konnten die kahlen, braunen Berge dieses Landes mit Europa verglichen werden?

Diese Frau hatte mir persönlich nicht gefallen, aber ich konnte ihr nicht das Wasser reichen. Sie hatte in Freiburg Philosophie studiert und in Geographie promoviert. Sie war nicht nur Skilehrerin, sondern Reporterin und Journalistin. Als ich etwa ein Jahr später die Vielfalt der neuseeländischen Alpenflora kennen lernte, revidierte ich mein Urteil und zollte dieser Frau für ihr Können, ihr Wissen und ihre Vielseitigkeit großen Respekt - obwohl sie im Umgang mit ihren Schülern und Gästen an diesem Abend in Neuseeland die Sprache der Gosse gewählt hatte.

Rote Bete in Götterspeise

500 g Rote Bete, 1 rote Götterspeise, 75 g Zucker, ½ TL Salz,
225 ml Wasser, 225 ml Malz- oder Balsamicoessig

Rote Bete kochen, schälen und in Scheiben schneiden.
Götterspeise nach Vorschrift mit Zucker und Salz in 225 ml Wasser auflösen,
Balsamicoessig dazu geben und gleichmäßig
über die in Scheiben geschnittenen Rote Bete gießen,
in den Kühlschrank stellen und
einen Tag später als Beilage servieren.

Madras Curry

Bis auf den wiederkehrenden Druck, Mitglied der Brüdergemeinde zu werden, fühlte ich mich bei den Dawsons zur Familie gehörig und sehr wohl. Die Sehnsucht nach meinen Lieben in Deutschland blieb, doch das grässliche Heimweh war verschwunden. Eine übereilte Heimkehr rückte in immer weitere Ferne, zumal Mr. Dawson mit Heiners Einwanderung behilflich sein wollte und eine Bürgschaft anbot. Freilich wusste ich, dass dieses Angebot nicht auf Nächstenliebe, vielmehr auf purer Berechnung basierte. Seine Missionierung baute auf unsere Dankesschuld. Mit den zwei verlorenen Schäfchen aus Germany würde "frisches Blut" in seine Gemeinde kommen. Dennoch freute ich mich über das Angebot, fand es rührend und sah einen rosa Hoffnungsschimmer am Zukunftshorizont. Aber hoppla, was las ich da im Antwortbrief des geliebten Mannes? So plötzlich konnte er nicht auswandern. Als Einzelkind musste er Rücksicht nehmen auf seine betagten Eltern. Hatte ich nie daran gedacht, dass er ihr einziger Halt, ihre einzige Stütze war? Und ob ich daran gedacht hatte.

Im Oktober erkrankte seine Mutter. Woran? Er wusste es nicht. Sie lag im Krankenhaus. Ein Wort über seine Auswanderung würde sie umbringen. Ich sollte jetzt auf keinen Fall etwas unternehmen oder seine Pläne in einem Brief an sie erwähnen. Dieser neuen Melodie brachte ich zwar Verständnis entgegen, aber sie gefiel mir nicht.

Ein immergrüner Baum mit ausladender Krone im Garten meiner Arbeitgeber öffnete im November seine ersten Knospen. Die knallroten Blüten im dunklen Immergrün waren eine Augenweide. "Den Pohutukawa nennen die Neuseeländer ihren Weihnachtsbaum", sagte Mrs. Dawson zu meiner Bewunderung der Farbenpracht. "Wenn er im November blüht, gibt es nach Maori-Weisheit einen heißen Sommer."

Eine Blüte dieses unbekannten Baumes, wie so viele andere Blumen, erhielt Heiner einen Tag vor der Beerdigung seiner Mutter. Er legte die Blüte in ihre gefalteten Hände. So begleitete Heiners Mutter ein winziger Blumengruß von einem fernen Kontinent in die Ewigkeit.

Es verging kein Tag, an dem ich nicht der Prophezeiung der Eingeborenen gedachte. Seit Mitte Oktober hatte es kaum geregnet. Von Tag zu Tag wurde es wärmer. In Gärten und Parks liefen die Berieselungsanlagen stundenlang. Die Berge des erloschenen Vulkans, die die Stadt Christchurch von der Hafenstadt Lyttelton trennen, verloren das grüne Winterkleid und verfärbten sich kamelrükkenbraun.

Endlich war es warm. Die sonntäglichen Ausflüge zum Strand lohnten. Ich wollte mich im Oktober nicht länger am Strand mit Spaziergängen oder Sonnenbädern begnügen. Für mich war der Sommer da. Ich wollte im Pazifik schwimmen. Nach dem Badevergnügen auf Tahiti lief ich voller Freude in die ausrollende Brandung. Brrr, das eisige Wasser verlangsamte meine Sprünge. Schwimmen, richtig schwimmen konnte ich vergessen. Die Wellen brandeten mir in zu schneller Folge und zu gewaltig entgegen. Sie zu überwinden, schaffte ich nie.

Den Abkühlungen im Meer an meinen freien Sonntagnachmittagen folgten kalte Duschen in anderer Form. Mitte November schrieb mir eine Freundin, dass sie Heiner mit einer anderen Frau gesehen hatte. Eifersucht nagte in mir. Ich stellte ihn zur Rede. Fünf Tage später schwor er Blau auf Weiß, dass es sich dabei nur um ein zufälliges Treffen mit der Frau eines Kollegen gehandelt haben könnte. Er war beleidigt. Wie konnte ich an seiner Liebe zweifeln? Ich hatte oft gezweifelt und glaubte ihm eher nicht. Wieso hängte sich die Frau seines Kollegen bei ihm ein? Aber hatte ich mich während des misslungenen Osterspaziergangs nicht auch bei Freund Walter eingehängt?

Meine Niedergeschlagenheit führten meine Arbeitgeber glücklicherweise auf den Tod der sogenannten Schwiegermutter zurück. Aufheiterung war nötig.

Mr. Dawson liebte Ausflüge und Picknicks im Freien. Auch wenn das Abendessen auf dem Herd köchelte, packten wir den Picknickkorb und fuhren in die Hafenberge, zum Strand oder breiteten auf dem Rasen des unteren Grundstücks die Decken aus. Für die Kinder eine willkommene Abwechslung, denn der Holzlöffel blieb beim Picknick in der Schublade. Beim Essen im Freien konnten sie die strenge Einhaltung der Tischmanieren vergessen. Das Essen musste nämlich grundsätzlich auf den Gabelrücken gespießt oder geschoben und so zum Mund balanciert werden. Hielten die Kinder diese Regel nicht ein oder hatten sie nicht um Erlaubnis gebeten, die Gabel als Schaufel zu beladen, kam der Stiel des Holzlöffels zum Einsatz. Er sauste dann in schneller Reihenfolge und voller Wucht auf die Fingerkuppen der Kinder. Außerdem gehörte es sich, dass jeder am Tisch so lange wartete, bis das Essen auf allen Tellern von den Eltern verteilt war. Das fiel dem ungeduldigen und hungrigen Peter oft schwer, weshalb er sehr umsichtig Salz, Pfeffer, Soßen oder was auch immer weiter reichte, um dann endlich essen zu dürfen.

Ich hasste die Picknicks auf dem Rasen aus Angst, mit den voll beladenen Tabletts zu stolpern und die Gartenserpentinen hinauf oder hinunter zu stürzen. Und wie oft hatte ich das eine oder andere vergessen, das entweder die murrenden Kinder oder ich holen mussten.

Wohl weil ich über die fast baumlosen Hafenberge klagte, die heimischen Wälder wie auch die saftig grünen Wiesen und Weiden der europäischen Alpen vermisste und mich der Artikel von Hildesuse Gärtner empörte, fuhr Mr. Dawson mit den Kindern und mir an einem schulfreien Tag im November nach Hanmer Springs, den Thermalquellen auf der Südinsel. Diesen Ort kannte ich von Sallys Schilderungen. Dort hatte sie ihre drei Ehejahre verlebt und dort wuchsen ihre Söhne heran. Ich meinte, den kleinen Kurort inmitten der kahlen und auch bewaldeten Hügel bereits zu kennen, so anschaulich hatte sie ihn beschrieben.

Hanmer Springs zählte zu den beliebten Ausflugszielen meiner Arbeitgeber. Ein Bad im Thermalwasser war gesundheitsfördernd. Unterwegs wiesen die Kinder auf weiße Sandsteinformationen hin, die an Tierfiguren erinnerten: ein Frosch, ein im Berg stecken gebliebener Elefant, ein Hase. Hoch auf einem Berg blitzte die Sonne in den Scheiben eines Hauses. Der Horst eines Rangers, von wo er mit Adleraugen über die von Menschen für den Holzhandel angepflanzten Bäume wachte und bei Feuer sofort Alarm schlug. O ja, ich verstand, dass bei der Dürre eine weggeworfene Flasche oder eine Glasscherbe die Sonnenstrahlen wie ein Brennglas einfangen und einen Brand verursachen konnte. Die durchfahrene Landschaft mit verkohlten Baumstümpfen legte ein beredtes Zeugnis dieser verheerenden Schäden ab.

Diesen von Menschen angebauten Wäldern konnte ich keinen Liebreiz abgewinnen. Nadelbäume in Reih und Glied wie stramm stehende Soldaten. Die meisten Hügel und Berge waren kahl und kamelrückenbraun, kein Vergleich mit dem erfrischenden Grün unserer heimischen Bergwelt.

Faszinierend fand ich das weite Flussbett. In ihm strömten viele Rinnsale dahin. Sie flossen ineinander, wieder auseinander, umspülten mit Gebüsch bewachsene, kleine Inseln, fanden sich vor einer Schlucht zusammen und drängten tosend durch die Felsenge, um bald wieder im weiten Tal auseinander zu strömen und sich zu verflechten.

Heute sind die Thermalquellen in Hanmer Springs modern und können mit jeder gepflegten Badeanstalt in Deutschland konkurrieren. Welch ein Unterschied zu früher. Männlein und Weiblein badeten getrennt in von dicken Holzbohlen eingefassten runden Becken. Sie erinnerten mich an die hölzernen Waschzuber aus dem Mittelalter. Dieses Bild verstärkte Rebecca mit der viel zu großen und gerüschten Duschhaube ihrer Mutter, unter der sie ihre langen Zöpfe verbarg. Wir waren die einzigen Nixen in der Badewanne von etwa zwei bis drei Metern Durchmesser und aalten uns nackend, aber mit bedeckten Köpfen, etwa eine halbe Stunde lang in der warmen Mineralbrühe aus dem Erdinneren. Sicher war sie gesund, half bei Herz- und Kreislaufbeschwerden sowie Rheumatismus. Doch ich fragte mich auch, wie viele Bakterien und Pilze in der aufgeweichten Poolverkleidung ihr Unwesen trieben und auf unsere Körper einstürmten?

Angeln war für Mr. Dawson ein beliebter Zeitvertreib. Einer dieser Ausflüge haftet noch heute sehr lebhaft in meinem Gedächtnis. Er steuerte an einem Samstag den Geröllstrand Birdlings Flat auf der Banks Peninsula an. Diese Halbinsel hatte ein Vulkan geschaffen, der südlich von Christchurch ausgebrochen und erloschen war. Wie eine ausgestreckte, rissige Zunge ragt sie in den Pazifik. Irgendwann waren die Wände des Kraters geborsten und hatten zwei Naturhäfen geschaffen: Lyttelton im Norden und Akaroa im Süden. Auf dem Weg nach Akaroa befindet sich der Geröllstrand Birdlings Flat mit lebensgefährlicher Brandung. An ihm sollte es möglich sein, große Fische mit Leinen und Haken zu landen. Nach vorangegangenen Ausflügen mit Anglerpech war sich Mr. Dawson diesmal seines Erfolges sehr sicher. Ein geheimnisvolles Lächeln spielte in seinem Gesicht beim Anblick der Köder in einem Einweckglas: rohes Hammelfleisch in Anistinktur. Stunde um Stunde verging. Die Fleischbrocken verschwanden auf rätselhafte Weise von den Haken. Nicht einmal ein winziger Hering biss an diesem Tag an. Wie langweilig! Die Kinder verloren das Interesse und murrten.

"Steigt ins Auto. Wir fahren nach Akaora und kaufen Fische. So lernt Miss Ruth Akaroa kennen. Es wird ihr gefallen."

Die Straße führte in Serpentinen den Kraterrand hinauf, um ebenso kurvenreich wieder abzufallen. Unterwegs erfuhr ich die Geschichte der einzigen französischen Siedlung im Lande, die mir Mr. Dawson und die Kinder wechselweise erzählten. Wie steckbriefhaft sie war, merkte ich Jahrzehnte später.

Der Kapitän eines französischen Walfängers hatte auf der Peninsula den Naturhafen Akaroa entdeckt und ihn als ideal für eine Besiedlung befunden. Er kaufte den Maori-Häuptlingen Land ab, segelte nach Frankreich und warb für die Besiedlung des Landes. Erst nach Gründung einer Gesellschaft fanden sich genug auswanderfreudige Pioniere für die neue Kolonie, darunter auch Deutsche. Nach monatelangen Strapazen auf See erreichten zwei Kapitäne mit ihren Schiffen und Siedlern die Bucht der Inseln auf der Nordinsel. Endlich hatten sie das ersehnte Land erreicht und gingen in der Bucht vor Anker. Der dort ansässige britische Gouverneur hörte von den ehrgeizigen Plänen der Franzosen, schickte einen schnellen Segler nach Akaroa und ließ vor dem Eintreffen der französischen Schiffe die Britische Flagge hissen. Neben dieser Enttäuschung stießen die Ankömmlinge auf das nächste Problem: die Maori-Häuptlinge negierten den Landkauf. Die Engländer erlaubten den Siedlern großzügig, sich in dem Hafen unter britischer Hoheit niederzulassen.

Ich war begeistert von dem idyllischen Ort, der mich gedanklich sofort an einen See in den Schweizer Bergen versetzte. In den späten Nachmittagsstunden kehrten die Fischer vom Meer zurück. Mr. Dawson wies auf die Boote hin, die besonders tief im Wasser lagen.

Für einen Spottpreis verkaufte ihm ein Fischer einen riesigen Fisch und zwei lebende Langusten. Letztere hätten in Deutschland ein Vermögen gekostet. Heute kehren abends kaum noch Fischkutter heim, denn der Fischfang vor der Küste reicht gerade noch für die Belieferung einiger Restaurants. Den Großhändler, der früher den gesamten Fischfang kaufte und die Preise stabil hielt, gibt es in Christchurch nicht mehr. In Akaroa werden heute in einem Marinepark Fische gezüchtet und im Meer ausgesetzt, damit sich die Bestände wieder erholen. Gefarmte Lachse decken einen Teil des Fischbedarfs.

Die Langusten bereitete Mr. Dawson selbst zu und lud seine Eltern und die Zwillingsschwester seiner Mutter zum Lunch ein. Ein Festessen und nicht nur das. Die Langusten und der Fisch brachten eine Abwechslung in den Speiseplan, der bei den Dawsons noch eintöniger war als im Karitane.

Jeden Freitag zerlegte mein Chef fachmännisch die Hälfte eines einjährigen Hammels in drei Teile: Unterschenkel, Schulter und Rippenstück mit

Bauchlappen. Am Samstag wurde der Unterschenkel mit Talgzusatz in die Röhre geschoben, geröstet und heiß aufgetischt. Sonntags wurde dieser Braten kalt mit Minzsoße oder Chutney, Salzkartoffeln und Salat serviert. Montags folgte heißer Schulterbraten, Dienstag der kalte Rest. In das heiße Bratenfett wurden eine Stunde vor dem Garprozess des Fleisches Kartoffeln und Gemüse wie Petersilienwurzeln, Kürbis oder Zwiebeln in das Fett gegeben. Neben gerösteten Kartoffeln gab es zu dem heißen Hammelfleisch immer zwei oder drei Sorten Gemüse aus dem eigenen Garten. Die Hauptmahlzeit nahmen wir immer mittags ein. Zu kaltem Fleisch oder anderen Gerichten wurden nur Salzkartoffeln oder Kartoffelbrei aufgetischt. Nudeln, Reis, Kroketten, Kartoffelsalat oder Klöße als Beilagen waren unbekannt.

Am Mittwoch zauberten wir meist aus den Bratenresten eine Mahlzeit und am Donnerstag konnte ich - außer Sauerkraut - ein deutsches Gericht kochen. Sehr beliebt waren sehr schnell Wiener Schnitzel, Gulasch, Fleischküchlein, Hackbraten und Leber mit gerösteten Zwiebeln. Auch Hühnchen bereitete ich gelegentlich zu, was vorher kaum auf dem Speisezettel gestanden hatte, weil es verhältnismäßig teuer war.

Bedenkt man, dass die neuseeländischen Hausfrauen damals in keinem Metzgerladen oder einem Supermarkt Aufschnitt oder ein Sortiment von Käse kaufen konnten, mussten sie für das Abendessen kreativ sein. Und da gab es eine Fülle von Rezepten, mit denen sich leckere Mahlzeiten aus Fleischresten zubereiten ließen. Pasteten, Torten in Blätterteig oder Auflauf mit überbackener Kartoffelbreikruste. Die Grundrezepte, die ich nach eigenem Geschmack würzen konnte, liebte ich sehr. Die scheußlich schmeckenden Bratwürste hingegen zählten nie zu meinen Favoriten, egal wie sie zubereitet wurden. Spaghetti oder weiße Bohnen in Tomatensoße kamen aus Dosen und wurden auf Toast serviert oder gar als Sandwichfüllung verwendet. Für mich bedeutete diese Esskultur eine große Umstellung. Ich lernte schnell und freute mich, wenn ich die handgeschriebenen Rezepte im Kochbuch meiner Chefin ausprobierte und die Kinder behaupteten, dass ich besser kochen könnte als ihre Mutter.

Madras Curry

500 g Fleischreste (Rinder- oder Lammbraten), 1 bis 2 Tassen Fleischbrühe,
3 TL Currypulver, 1 TL Mehl, 1 TL Zucker, Pfeffer, 1 TL Rosinen, 1 Apfel,
1 Zwiebel, 1 TL Chutney, 1 TL Butter, Salz.

Fleisch in Würfel schneiden. Zwiebel und Apfel schälen, würfeln.
Butter in der Pfanne erhitzen, Zwiebel hinein geben, leicht bräunen,
Apfelwürfel unterrühren. Mit Mehl bestäuben und bräunen.
Mit der Fleischbrühe löschen.
Rosinen, Currypulver, Zucker, Chutney, Pfeffer untermischen.
Eventuell noch mit Salz abschmecken. Zum Kochen bringen.
In die gut gebundene Soße das
gewürfelte Fleisch geben und noch einmal kurz aufkochen.
Bei Familie Dawson wurden Kartoffelbrei und
zwei Sorten Gemüse dazu gereicht.

In Deutschland habe ich das Gericht nach diesem Rezept nie gekocht. Ich habe mein
eigenes Rezept mit rohem Rindfleisch und nicht mit Currypulver, sondern eine eigene
Gewürzmischung ausprobiert, die ich so lange verändert habe, bis es meiner Familie zu
Reis richtig schmeckte. Heute koche ich es nur noch für zwei Personen.

500 g Rindfleisch,
1 ½ EL Korianderpulver, 2 TL Kreuzkümmelpulver,
schwarzer Pfeffer, ½ TL Chilipulver, ½ TL Kurkuma, ½ TL Salz,
1 TL geriebener Ingwer, 1 - 2 EL Essig,
1 EL Öl, 1 Zwiebel, 1 ½ EL Tomatenmark, 1 große Tasse Fleischbrühe

Fleisch in Würfel schneiden, alle Gewürze in einer Schüssel mischen und mit
dem Essig zu einer Paste verrühren.
Öl in einer Bratenpfanne erhitzen, Zwiebel glasig dünsten,
Gewürzpaste zufügen, kurz zusammen braten,
mit Tomatenmark und Rindfleischbrühe löschen und köcheln,
Fleisch dazugeben und unter gelegentlichem Rühren so lange kochen,
bis das Fleisch weich ist (etwa 70 Min.)

Weihnachtskuchen

Weihnachten nahte. Peter, Rebecca und Esther freuten sich nicht wie deutsche Kinder auf dieses Fest. Sie schrieben keine Wunschzettel und erwarteten keinen Geschenkesegen vom Weihnachtsmann, vom Christkind oder von den Verwandten. Diese Bescheidenheit erstaunte mich.

Statt eines reichen Gabentisches sehnten meine älteren Schützlinge die großen Ferien herbei. Sie sprachen von nichts anderem als dem Zusammentreffen mit ihren Verwandten von der Nordinsel, von ihrer Cousine Geneveva, die nach jedem Essen die Zähne putzen musste. Ihre Mutter war Assistentin bei einem Zahnarzt gewesen.

Alle Jahre wieder mieteten mehrere Familien des Clans ein voll möbliertes Haus am Strand der Golden Bay in der Nähe von Nelson. Hausbesitzer, die einen Tapetenwechsel wünschten, vermieteten ihr Haus für die Dauer des eigenen Urlaubs an Fremde. Das hielt ich zwar für keine schlechte Idee, doch die Vorstellung fand ich gewöhnungsbedürftig.

Urlaub an der Golden Bay im Norden der Südinsel? Ich freute mich auf die Fahrt entlang der Ostküste in ihrer malerischen Vielfalt, wie sie mir die Kinder schilderten. Weil es um die Gesundheit von Mrs. Dawsons Mutter seit einem Schlaganfall im August nicht zum Besten stand, kam für die Ferien 1959 leider nur ein Haus in der Nähe von Christchurch in Frage. In Sumner, dem malerischen Vorort, in den ich mich am zweiten Wochenende nach meiner Landung verliebt hatte, fand mein Chef ein Ferienquartier für die Masseneinquartierung. Ein Haus am Berghang mit Schlafzimmern für zwei Ehepaare, für Robin, sechs Kinder und für mich.

Eine steile Treppe führte durch den Steingarten zum Strand. Sumner war nicht die Golden Bay, doch ich freute mich auf die Tage am Meer, auf den immer währenden Gesang der Wellen und eine Massage von der Meeresbrandung vor der morgendlichen Dusche! Mittlerweile hatte ich mich an das kalte Wasser gewöhnt. Es war herrlich, in die tosenden Wellen zu springen und das Prickeln des Meeresschaumes am Körper zu spüren. Bis zu dem Badevergnügen direkt vor der Haustür und bis Weihnachten musste ich mich noch gedulden. Damit die Zeit nicht langweilig wurde, gab es noch einige Überraschungen.

Am ersten Advent holte ich meinen Weihnachtszauber aus meinem Überseekoffer und legte das Tonband mit Weihnachtsliedern auf. Die Kinder bewunderten meine Pyramide und die Engel aus dem Erzgebirge. Was hatte das zu bedeuten? Was stellten die Kinder von streng gläubigen Christen für dumme Fragen? Advent? Weihnachten? Mit der Geburt des Heilands wussten sie nichts anzufangen. Ich verstand die Welt nicht mehr.

Die Brüdergemeinde maß der Geburt Jesus keine Bedeutung bei. Weihnachten feierten sie nicht. Weihnachten feierten nur Heiden. Für sie zählte einzig Jesus Tod am Kreuz von Golgatha. Er ist für unsere Sünden gestorben und wer an ihn - wie die Brethren - glaubt, wird von ihm erlöst werden und seine Herrlichkeit erleben.

Auch als Nichtmitglied dieser Gemeinde bat ich um Vergebung meiner wiederkehrenden Sünden. Um der stundenlangen Gehirnwäsche nach meinen Kinobesuchen zu entgehen, schaute ich mir zwar in Gesellschaft meiner Freunde weiterhin Filme an, sprach im Hause Dawson aber nie mehr darüber. Holte mich Cathrin abends ab, trafen wir uns mit Freunden - was in gewisser Hinsicht stimmte und nicht gelogen war. Dass wir gemeinsam ins Kino gingen, verschwieg ich.

In der Adventszeit schrieb ich Abend für Abend Briefe und Weihnachtsgrüße an meine Verwandten und zahlreichen Freunde in beiden Teilen Deutschlands, verschickte Päckchen mit Andenken als Geschenke und sehnte mich in dieser heißen Jahreszeit nach der vorweihnachtlichen Stimmung in Deutschland. Karten mit verschneiten Landschaften passten nicht zu den sommerlichen Temperaturen. Sie schürten erneut mein Heimweh. Wieder ärgerte ich mich, dass ich nicht die Stelle in der Schweiz angenommen hatte. Der letzte Urlaub stieg mit allen Emotionen und Impressionen in mir auf. In diese Stimmung hinein würgte mich die Häme einer Freundin. Ihr gut gemeinter Brief enthielt Klagen über Heiner, den sie immer als Störfaktor empfunden und nie gemocht hatte. Ihre Zeilen sollten mir ein und für alle Mal die Augen öffnen.

Elfi war ihm mit einer Frau am Arm begegnet, deren Beschreibung zur Frau des Kollegen passte. Am nächsten Tag hatte Elfi ihn angerufen und ihn zur Rede gestellt. Was hatte er sich dabei gedacht, mich wegzuschicken und sich mit anderen Weibern zu amüsieren! Noch am selben Abend stand er mit einer großen Bonbonniere vom Feinsten vor ihrer Tür. Welch ein Trottel! Elfi reagierte allergisch auf Schokolade. Hatte er das vergessen oder wollte er sie umbringen? Er hatte ihr schön getan und schließlich einen unsittlichen Antrag gemacht. Was hatte er sich dabei gedacht? Elfi war eine grundehrliche Person, eine von der Sorte, denen man im Leben nicht allzu oft begegnet. Aus ihrer Abneigung ihm gegenüber hatte sie nie einen Hehl gemacht. Schon aus Liebe zu mir hätte er als Konsequenz mit einer Abfuhr von ihr und einer sofortigen Berichterstattung rechnen müssen. Sein Charme wirkte nicht bei allen Frauen. Warum tat er mir so etwas an? Die Wut auf ihn überwog meinen Schmerz.

Natürlich glaubte ich Elfi mehr als Heiner, den ich diesmal nicht zur Rede stellte. Sollte ich meine berechtigte Eifersucht wieder belächeln lassen? Es war immer dasselbe. Wahrscheinlich hatte ihn seine Ex-Frau wegen seiner Vielweiberei vor die Tür gesetzt. Mir war inzwischen klar, dass er wegen seiner Unterhaltszahlungen nie nach Neuseeland kommen konnte. Durch unsere berufliche und tägliche Konfrontation war es mir in Deutschland nicht gelungen, einen Schlussstrich zu ziehen. Die kontinentale Entfernung bot bessere Chancen. Bei passender Gelegenheit wollte ich ihm einen Abschiedsbrief schreiben. Ruth Leuwerik und O.W. Fischer halfen mir. Allerdings dauerte das noch etwa ein Jahr. Rückblickend möchte ich sagen, dass meine innere Lösung von ihm nach Elfis Brief, vor meinem ersten Weihnachtsfest in Neuseeland, begann. Das fiel mir gerade zu der Zeit unheimlich schwer.

"Arbeit ist die beste Therapie gegen Heimweh und sonstigen Kummer", war Erna Abolins Devise. Froh und dankbar stürzte ich mich in die Arbeit für die Familie Dawson und für mich. Neben der vielen Weihnachtspost klapperten die Stricknadeln in jeder freien Minute. Für Esther und Rebecca strickte ich zwei Jacken in Weiß, für Peter einen Pullover in schulgrau und für Mathew Babyschuhchen. Damit nicht genug, ich nähte mir für die heißen Temperaturen Kleider aus leichten Baumwollstoffen. Bei dieser Arbeit war ich froh um die langen Tage und vergaß die dunklen Abende und das Leuchten des vorweihnachtlichen Zaubers am anderen Ende der Welt.

Auch Mrs. Dawson fehlte es nicht an Einfällen für zusätzliche Arbeit. Seit wir das Haus in Sumner besichtigt und sie mit den Vermietern verhandelt hatten, klagte sie über mangelnde Hygiene in diesem Haus. Sie musste ihr eigenes Bettzeug mitnehmen und auch für die Betten der Verwandten. Eingemottete Schlafdecken wusch zwar der Vollwaschautomat, Aufhängen, Zusammenlegen und sie reisefertig zu verpacken, besorgte er nicht. Die Waschmaschine lief in den Tagen vor den Ferien auf Hochtouren. Was musste plötzlich alles gewaschen und gebügelt werden? Nur gut, dass Mathew weniger Zeit beanspruchte und Mrs. Dawson selbst viele Arbeiten erledigte. Vielleicht war auch sie dankbar für die Aufgaben, denn ihr Mann nervte sie mit einer neuen Idee.

Zum Angeln am Meer oder nach Sumner führte die Straße immer durch das Tal des Heathcot-River. Unterhalb der Hafenberge mäandert er Richtung Meer recht malerisch durch die Vororte der Stadt Christchurch und durch unbebautes Land. Auf den Südhängen der Berge befinden sich Obstplantagen. Eines Tages trat Mr. Dawson auf gerader Strecke plötzlich auf die Bremse und sagte: "Habt ihr das gesehen? Hier ist ein Orchard zu verkaufen. Den muss ich mir anschauen." Im Rückwärtsgang fuhr er zum schmiedeeisernen Tor, an dem ein Schild hing: "Orchard for Sale". Peter sprang aus dem Auto, öffnete das Tor und schon schnurrte der grellgelbe Chevrolet den steilen Hang hinauf zum Wohnhaus.

In einem Teil der Plantage entdeckte ich eine riesige Voliere und vermutete, dass der Besitzer Vögel züchtete. Diesen Gedanken sprach ich laut aus und erschrak über Mr. Dawsons Lachanfall. "O, Miss Ruth, Sie sind brillant. Dieser Drahtverhau soll die Vögel aussperren. Dort wachsen Kirschen, die sonst nur die Vögel ernten."

Diese naive Deutsche hatte ihm wieder etwas gegeben, das er im Kreise seiner Gemeinde für den Rest seines Lebens zum Besten geben konnte.

"Auch wenn es keine Moas mehr gibt, Miss Ruth", fuhr er belehrend fort, "so ist Neuseeland durch die importierten Vögel ein noch größeres Vogelparadies geworden. Glauben Sie mir, in meinem Garten in Fendalton bin ich mit Peter und meinem jüngsten Bruder lange vor der Reife in den Kirschbaum geklettert. Wir haben die Äste mit gestrickten Schläuchen aus Baumwollgarn überspannt, wie sie für den Export von geschlachteten Schafsleibern verwendet werden. Sonst hätten wir von dem riesigen Baum keine einzige Kirsche geerntet. Nicht wahr, Peter?"

Mr. Dawson war ein vielseitig talentierter Mann. Wenn er sich für etwas begeisterte, steckte er voller Leidenschaft. Was er sich vornahm, setzte er schnell in die Tat um. Sein Gemüse- und parkähnlicher Garten waren bilderbuchhaft. Stolz trug er das Gemüse, von Erde befreit und gewaschen, in die

Küche. Sein älterer Bruder besaß in einer benachbarten Kleinstadt eine Gewinn abwerfende Obstplantage. Warum sollte er ihm nicht nacheifern? Seine Frau konnte er von seiner neuen Idee nicht begeistern. Im Gegenteil! Sie hatte gerade begonnen, sich in dem neuen, repräsentativen Ziegelsteinhaus richtig heimisch zu fühlen. Es war bereits das fünfte seit ihrer Heirat vor zehn Jahren. Das ständige Kommen und Gehen von Obstpflückern und Kunden war nichts für die ehemalige Musiklehrerin. Egal, wie sehr er säuselte und schwärmte, sie zog diesmal nicht am selben Strang.

Die in Deutschland übliche Weihnachtsbäckerei gab es in Neuseeland nicht. Hier wurden das ganze Jahr hindurch für die kleinen Zwischenmahlzeiten Plätzchen und Küchlein gebacken, mindestens fünf Sorten pro Woche und ein kleiner Kuchen. Dennoch musste vor Weihnachten mehr gebacken werden als üblich, weil wir nicht wussten, wie der Backofen im Ferienhaus funktionieren würde und ob wir Essbares in die Röhre schieben konnten. Ich füllte Büchse um Büchse mit Gebäck. Obwohl Dawsons Weihnachten nicht feierten, backte Mrs. Dawson einen Weihnachtskuchen. Als er eine Stunde im Backofen stand, meinte ich, er müsste raus, fragte zum Glück vorsichtshalber. "Nein, nein, ja nicht herausnehmen. Der Kuchen muss dreieinhalb Stunden backen." "Dreieinhalb Stunden?" "Ja, volle dreieinhalb Stunden, sonst fällt er zusammen. Es ist ein sehr ´reicher´ Kuchen."

Und er wurde noch kalorienreicher, denn Mr. Dawson ummantelte ihn mit einer dicken Marzipanschicht, überzog ihn dann mit einem ebenso dicken, festen Zuckerguss. Darauf dekorierte er aus gefärbtem Marzipan eine Rose, die seinem Modell aus dem Garten sehr ähnlich sah. Ich schaute ihm zu und staunte über das Produkt seiner geschickten Hände. Geschmeckt hatte mir dieser Kuchen damals nicht. Später backte ich ihn für meinen Mann und seine Verwandten für jedes Weihnachtsfest. Dreimal habe ich ihn seit meiner Rückkehr in Deutschland gebacken. Dieser Kuchen hält sich ein Jahr lang und länger, zumal man nur kleine Stückchen essen kann. Doch die Backzeit von dreieinhalb Stunden stimmt nicht. Je nach Kuchenform (ich verwende manchmal zwei kleine Springformen) braucht er nur etwa zwei bis zweieinhalb Stunden.

Weihnachtskuchen

1200 g Rosinen, 200 g Sultaninen, 100 g Zitronat, 100 g kandierte Kirschen,
1 große Tasse Gingerale, 1 EL Saft,
600 g Zucker, 250 g Butter, 6 Eier, 500 g Mehl,
100 g gehackte Mandeln 1 TL Backpulver
Belag:
Marzipanrolle, Zuckerguß, Weihnachtsdekorationen

Trockenfrüchte in eine Schüssel geben, Gingerale und
Rübensaft darüber geben, gut mischen, mit einem Teller abdecken und
über Nacht ziehen lassen.
Butter und Zucker schaumig rühren, nacheinander die Eier zugeben und
kräftig schlagen, nach jedem Ei mindestens eine Minute.
Die eingeweichten Trockenfrüchte zugeben und unterrühren.
Mehl und Backenpulver sieben, unter den Teig mengen.
In eine Springform füllen und bei 150 Grad Umluft 2 1/2 Stunden backen.
Wer mag, kann den Kuchen mit einer Schicht Marzipan ummanteln,
mit festem Zuckerguss überziehen und
mit den im Handel erhältlichen Weihnachtsdekorationen verzieren.

Chutney und Obstsalatmarmelade

Nach dem zweiwöchigen Aufenthalt der Familie in Sumner überschlugen sich die Ereignisse. Erstens stellte Mr. Dawson fest, dass in seiner nicht abgeschlossenen zweiten Doppelgarage etwas fehlte, und zwar die elektrische Eisenbahn. Die Diebe waren an den Wertsachen wie Außenbordmotoren, teuren Angelgeräten nicht interessiert gewesen. Nur die Eisenbahn hatten sie mitgenommen. Mr. Dawson verständigte die Polizei. Ein recht merkwürdiger Diebstahl, bemerkten die Polizisten. Gefragt nach verdächtigen Personen, nannte Mr. Dawson Jan und Maria van der Bos. Zum Glück fragte mich ein Polizist nach deren Adresse, so dass ich meine Entrüstung über einen solchen Verdacht laut kundtat.

Wie konnte Mr. Dawson meine Bekannten verdächtigen? Was sollten sie mit einer Eisenbahnanlage? Außerdem kannte er sie nicht persönlich. Wurzelte seine Abneigung für sie so tief, weil sie ihm vor Monaten das Haus vollgequalmt hatten? Warum sie das getan hatten, war mir selbst ein Rätsel. Wahrscheinlich waren sie neidisch auf den Wohlstand, den die Dawsons mit Haus und Einrichtung zur Schau stellten, womit sie Jans Vorurteile über die Neuseeländer zunichte gemacht hatten.

Zu meinem Stellenwechsel im September hatte ich mich ziemlich schnell und spontan entschieden. Meine vielen Nebenbeschäftigungen hatten mir wenig Freiheit gelassen, weshalb ich den Kontakt zu Maria und Jan auf ein Minimum beschränkt hatte. Sie wiederum sorgten sich um mich, fuhren an einem Samstag nach meinem Aus- und Umzug in das Karitane und waren perplex, mich dort nicht mehr zu treffen. Wie konnte ich?

Ich sah die beiden vom Küchenfenster aus kommen, las Ärger in ihren Mienen und wollte sie vor der Hintertür abwimmeln. Mrs. Dawson hörte unsere Stimmen, den schnellen Wortwechsel in Deutsch und spürte wohl auch die Erregung, denn ich wehrte mich vehement gegen Jans Bevormundung. Ich war mündig, ein freier Mensch, konnte tun und lassen, was ich wollte. So weit kam das noch, ihn um Erlaubnis für mein Handeln zu bitten.

Mrs. Dawson erschien an der Tür, grüßte freundlich und bat mich, sie mit meinem Besuch bekannt zu machen. Sie vermutete richtig. Dieses Ehepaar hatte mich nach Christchurch geholt. Ihnen verdankte sie quasi meine Bekanntschaft. Nichts Böses ahnend lud sie die Freunde ihres Dienstmädchens in ihr Haus. Ja, sie führte uns in ihr Wohnzimmer, dessen breites Fenster einen herrlichen Blick zum Alpenpanorama bot. Ich zweifelte sehr daran, dass Maria und Jan in ihrer neuen Wahlheimat jemals solch ein schönes und dazu noch elegant möbliertes Haus betreten hatten.

Ihnen gefiel es, von Mrs. Dawson mit Tee und Plätzchen bewirtet zu werden. Dann geschah, was ich unbedingt verhindern wollte. Jan zückte sein silbernes Zigarettenetui. Ich bat ihn, flehte sie beide regelrecht an, in diesem Haus nicht zu rauchen. Erst sah es so aus, als ob er das Etui wieder wegstecken wollte. Spürte er meine Erleichterung? Plötzlich lachte er und meinte: "Was, in dem Haus ist noch nie geraucht worden? Dann wird es Zeit, dass ein anständiger Geruch in die Räume kommt." Ich hoffte noch, dass sein zum Etui passendes Feuerzeug nicht funktionieren würde. Es flammte sofort auf. Eine Untertasse des kostbaren *Royal Albert* missbrauchten sie als Aschenbecher.

Sie hatten keine Ahnung, wie peinlich mir die Situation war. Den ersten Zigaretten folgten die nächsten. In mir brodelte die Wut. Bevor sie den dritten Glimmstängel anzünden konnten, stand ich auf und sagte: "Schluss jetzt, die könnt ihr in eurem Jeep qualmen. Geht jetzt bitte, ihr haltet mich von meiner Arbeit ab."

Der Gestank von den vier Zigaretten war durch alle Räume des Hauses gezogen und hielt sich tagelang. Die Bemerkungen der Dawsons waren alles andere als liebenswürdig. Doch zwischen schlechten Manieren und stehlen gab es einen himmelweiten Unterschied.

Und überhaupt geschah es ihnen recht, dass man sie bestohlen hatte. Die Garage gehörte abgesperrt. Jahrein, jahraus stand sie offen, wie auch die Gartentür. Zutritt für jedermann. Den Hausschlüssel nahmen sie für den Urlaub nicht mit, deponierten ihn unter den Fußabstreifer der Hintertür. Ja, damals kannte man so gut wie keine Einbrüche in Neuseeland. Heute tricksen Diebe sogar Alarmanlagen aus und tragen aus den Häusern, was ihnen gefällt. Die Polizei hat alle Hände voll zu tun, so dass viele Diebereien und Anzeigen gegen Unbekannt nie geklärt werden. Bei den wenigen kriminellen Delikten vor nunmehr fast fünfzig Jahren war es leicht, gestohlene Waren zu verfolgen. Wochen später fand die Polizei die Eisenbahnanlage in einem Second-Hand-Laden und so auch die Räuber. Es waren Kinder aus der Nachbarschaft, die ihr Taschengeld für die Ferien mit dem Verkauf der Eisenbahn aufgebessert hatten. Meine Freunde waren rehabilitiert.

Ein Tagebuch habe ich nur über meine Schiffsreise geführt, und so kann ich die Abfolge der Ereignisse nicht richtig nachvollziehen. Mrs. Dawsons Mutter starb nach Weihnachten. Ihre jüngste, leicht behinderte Tochter war fünf Jahre älter als ich, die Lieblingstante von Nichten und Neffen. Es verstand sich von selbst, dass sie nach der sechsmonatigen Rund-um-die-Uhr-Pflege der Mutter bis zur Auflösung des mütterlichen Besitzes zu ihrer Schwester zog.

Entweder nach oder vor Robins Einzug war ein junger Bruder aus England in Christchurch eingetroffen. Die Dawsons luden ihn häufig zum Essen ein. Von der ersten Begegnung an spürten sie unsere gegenseitige Zuneigung. Mit Adleraugen wachte Mr. Dawson über uns. Egal, wie sehr sich der junge Mann bemühte, sich mit mir über unsere Schiffsreisen zu unterhalten, Mr. Dawson lenkte sofort ein. Mir in der Küche helfen, kam erst recht nicht in Frage. Es war ein amüsantes Katz- und Mausspiel.

War es Zufall oder Absicht, dass ich dem Lehrer später noch einmal in der Stadt begegnete? Je mehr ich über diese kurze Unterhaltung nachdachte, desto überzeugter war ich, dass er dieses Treffen gewollt herbeigeführt hatte. Statt über unsere Reiseerlebnisse zu sprechen, fragte er gezielt nach meinem Befinden und warum ich kein Mitglied der Brüdergemeinde werden wollte. O je, hatten ihn die Dawsons auf mich gehetzt? Ich sah eine Gehirnwäsche auf mich zukommen und gab unumwunden zu, dass ich auf bestimmte Dinge wie Radio, Literatur, Theater, Konzerte und Kino (Fernsehen gab es damals noch nicht in Neuseeland) nie verzichten könnte. Er brummte ein Hm und wünschte mir alles Gute.

Waren es Wochen oder Tage später als mir Peter ein Geheimnis ins Ohr flüsterte. "Joyce Walters heiratet. Rate mal wen?"

Ich hatte keine Lust zu raten. Er beobachtete mein Gesicht, als er den Namen des Lehrers nannte. Ich zuckte mit keiner Wimper und wünschte der hübschen Joyce und ihrem um Jahre jüngeren Bräutigam viel Glück. (Etwa fünfundzwanzig Jahre später erfuhr ich, dass der Lehrer die neuen, strengeren Regeln nicht akzeptiert, sich von Joyce und den Kindern getrennt hatte.)

Im Januar fuhren Mr. Dawsons Geschäfte trotz des Sommerschlussverkaufs keine Gewinne ein. In jedem Gebet erflehte er Gottes Hilfe. Einen

Laden hatte er bereits verkaufen müssen. Für mich war Gottes Hilfe nicht nötig. Mrs. Dawson hatte sich von der Geburt erholt, musste sich statt der Zwillinge nur um Mathew kümmern, der von Monat zu Monat pflegeleichter wurde. Außerdem nahm mir Robin, die im Arbeitszimmer ihres Schwagers untergebracht war, leichte Arbeiten ab. Seit dem Urlaub musste ich fast nicht mehr kochen und nur noch selten backen, dafür aber umso mehr einkochen und einfrieren. Sie brauchten meine Ganztagsbeschäftigung nicht mehr, weshalb ich um meine Entlassung bat.

"O, nein, Miss Ruth, wir brauchen Ihre Hilfe gerade jetzt mit dem Einkochen", sagten sie wie aus einem Mund, ohne mich vollends anzuhören. Ich wollte ihnen ja erhalten bleiben. Was sprach dagegen, nach einem Arbeitstag in einem Büro an zwei Abenden wöchentlich auf die Kinder aufzupassen? Während sie ihre Versammlungen besuchten, konnte ich die Wäsche bügeln, flicken und stopfen. Das Haus konnte ich am Samstag putzen.

Nach kurzer Bedenkzeit verhalf mir Mr. Dawson zu einem Vorstellungsgespräch im Personalbüro der Firma Lane, Walker & Rudkin, dem größten Bekleidungshersteller im Lande. Cathrin begleitete mich. Auch sie wollte sich beruflich verändern. Wir hatten Glück, fanden beide eine Stelle als Angestellte, und das Arbeitsamt stimmte den Veränderungen zu.

Mein Geburtstag im Februar fiel auf einen Samstag. Ich bekam diesen Tag frei. Wir hatten eine Zeitung gekauft und klapperten mit Jan und Maria sämtliche Wohnungsangebote ab. Oft prallte ich entsetzt zurück. Ungemütliche, verräucherte Drecklöcher für teure Miete. Mr. Dawson hatte im Morgengebet Gottes Hilfe bei der Quartiersuche eingeschlossen. Nachmittags fühlte ich mich zerknirscht und von Gott im Stich gelassen. Da entdeckte Jan unter der Spalte Erstbezug eine Anzeige für ein möbliertes Doppelzimmer. Mit nur wenig Hoffnung fuhren wir zur angegebenen Adresse.

Jan hielt vor einem stattlichen, herrschaftlichen Holzhaus in Weiß aus der Pionierzeit. Das Zimmer auf der linken Hausseite hatte ein für diese Zeit typisches Rundfenster. Drei Stufen führten zur breiten Eingangstür und zur überdachten Veranda, die das dahinter befindliche Zimmer verdüsterte. Ein junges Pärchen öffnete die Tür und führte uns durch das Haus, das der Vermieter gekauft, restauriert und möbliert hatte. Drei geräumige Doppelzimmer warteten auf Bewohner für eine wöchentliche Miete von drei Pfund einschließlich Nebenkosten. Im Preis inbegriffen war die Benutzung des Esszimmers gegenüber der Gemeinschaftsküche. In ihr gab es zwei Spülbecken, einen Kühlschrank und je vier kleine Elektroherde. Zwei Badezimmer mit Duschen, ein Waschhaus mit Waschmaschine sowie zwei Toiletten konnten von der hinteren Terrasse erreicht werden. Cathrin und ich entschieden uns spontan für das Zimmer mit der späten Nachmittagssonne.

Ein schöneres Geburtstagsgeschenk hätte ich mir nicht wünschen können. In fünf Minuten konnten wir zur Arbeit laufen, wo wir wöchentlich zehn Pfund, sprich hundertzehn Mark, verdienen würden. War es wirklich eine göttliche Fügung, wie Mr. Dawson meinte? Wie auch immer, wir freuten uns über diese Lösung, und es war ein wunderschönes Geburtstagsgeschenk.

Eine Woche später erfolgte der Umzug in die eigene Selbstständigkeit. Mr. Dawson lieh sich - wie bei meinem ersten Umzug in sein Haus - wieder einen Anhänger, lud erst meine und später Cathrins Besitztümer darauf und fuhr uns mitsamt den neuen Kochtöpfen und sonstigen Haushaltshilfen als Abschiedsgeschenk in unser neues Quartier. Sogar ein paar Gläser meiner Lieblingsmarmelade und von dem gerade gekochten Chutney befanden sich unter den großzügigen Gaben.

Apfel-Chutney

1 kg Äpfel, 500 g Zwiebeln, ½ Tasse Rosinen, 500 g brauner Zucker,
1 TL Salz, ½ TL Cayenne Pfeffer, ½ TL Nelkenpulver, Essig

Äpfel schälen und in dünne Scheiben schneiden,
Zwiebel schälen, fein schneiden, am besten im Mixer.
Alle Zutaten in einen Topf geben, mit so viel Essig aufgießen,
dass die zerkleinerten Zutaten knapp bedeckt sind.
Langsam, etwa eine Stunde zu Mus kochen, in Gläser geben
und verschließen.

***

Tomaten-Äpfel-Bananen-Chutney

500 g Tomaten, 1 Pfund Äpfel, 4 Bananen, 500 g brauner Zucker,
1 TL Salz, 1 TL Zimt, 1 TL zerstoßene Senfkörner, ½ TL Pfeffer,
½ TL gemahlener Ingwer, 300 g Rosinen, 1 Tasse Essig

Tomaten häuten, Äpfel schälen, die Bananen in Scheiben schneiden.
Rosinen und Gewürze untermischen und in einen Topf geben.
Den Essig zugießen und alles zusammen
auf kleiner Flamme zu einem Brei verkochen.
In Gläser füllen und versiegeln.

***

Fruchtsalatmarmelade

500 g Pfirsiche, 500 g Aprikosen, 500 g Bananen, 1 kleine Büchse Ananas,
1500 g Zucker, 2 Passionsfrüchte

Pfirsiche schälen, Aprikosen und Bananen klein schneiden,
Ananas abtropfen lassen, im Mixer zerkleinern.
Früchte zerkochen lassen. Zucker im Backofen gut vorwärmen
und zusammen mit dem Inhalt der Passionsfrüchte
unter den Früchtebrei rühren.
Noch 20 bis 30 Minuten kochen und in Gläser füllen.

Boysenbeeren in Götterspeise und Spanish Cream

Cathrin und ich mussten uns an ein neues Leben gewöhnen. Wir konnten uns nicht länger an einen gedeckten Tisch setzen. Niemand plante die Mahlzeiten, niemand erledigte unsere Einkäufe. Für Cathrin die erste Entlassung in die Selbstständigkeit, für mich die zweite und sie war so ganz anders als vor Jahren in Westdeutschland. Das spürte ich vor allem beim Fleischeinkauf. Die neuseeländischen Metzger boten keine kleinen, fertigen Bratenstücke. Eine halbe Rinderseite hing ganz oder in zwei Hälften geteilt zwischen ganzen Schafsleibern an Haken. An Würsten gab es Bratwürste, Würstchen mit rot gefärbter Pelle zum Aufwärmen und undefinierbare Würste als Aufschnitt. Sehe ich heute in Deutschland Angebote für Hundefutter, denke ich unwillkürlich an die damaligen neuseeländischen Würste für Aufschnitt.

Betrat ich einen Fleischerladen, erinnerte ich mich an meine Verehrer in Westdeutschland. Bevor ich meinem Weiberhelden begegnete, umwarb mich ein Metzger, ein aufmerksamer, naturliebender Mann, der aus Tradition das Handwerk seiner Vorväter erlernen musste. Ihn hätte ich mit dem Fußballplatz, aber nie mit einer anderen Frau teilen müssen. Eine Kollegin hatte mir auf ihrer Hochzeit den Verwandten ihres Mannes als Tischherrn zugedacht. Dieser Mann war dreizehn Jahre älter als ich und tanzte wie ein junger Gott. In seinen Armen fühlte ich mich sicher und geborgen. Nach seiner Prüfung als Metzgermeister wollte er mich seinen Eltern vorstellen. Dazu kam es nicht. Sie untersagten ihm weiteren Kontakt mit mir. Für ihren einzigen Sohn wünschten sie eine Frau mit Geld oder zumindest eine Wurst- und Fleischverkäuferin. Ich war arm wie eine Kirchenmaus und wie wenig ich von der Metzgerei verstand, merkte ich in Neuseeland.

In den ersten Monaten unseres Zusammenlebens kam bei uns kein Lamm- oder Hammelfleisch auf den Tisch. Unser Minibackofen war für einen Lammschlegel zu klein und mittlerweile verlangte uns nach Abwechslung. Wir kauften Rind- oder Kalbfleisch. Für besondere Anlässe leisteten wir uns teures Schweinefleisch. Einmal in der Woche brieten wir Rinder- oder Kalbsleber, weil sie spottbillig war. Umgerechnet fünfundzwanzig Pfennige das Pfund. Lambsfry, Leber von Lämmern, kostete das Sechsfache. Die Nachfrage diktierte den Preis.

Die meisten Neuseeländer kauften - wie die Dawsons - grundsätzlich nur Leber von Lämmern.

Wir wussten, was wir unseren Gönnern, Helfern und Freunden schuldeten und luden sie nacheinander zum Essen ein. Für die sechsköpfige Familie Dawson wollte ich Rinderrouladen zubereiten. Ich konnte dem Metzger nicht erklären, aus welchem Stück vom Rind er sieben dünne Scheiben schneiden sollte. Auch Erna Abolins Methode half nicht. Ohne Englischkenntnisse hatte sie nach der Landung für die lettischen Einwanderer die Einkäufe auch beim Metzger besorgt. Sie hatte auf Teile ihres eigenen Körpers gezeigt, dabei gemuht, gegrunzt oder geblökt. Muhen musste ich nicht. Mein Vis-a-vis hinter dem Hackeklotz hatte kapiert, dass ich Rindfleisch wollte, auch "thin slices" hatte er verstanden, aber aus welchem Teil der Rinderhälfte in seinem Laden sollte er dünne Scheiben schneiden?

Auf dem quadratischen Holzklotz lag ein Batzen Fleisch. Es sah aus wie Rouladenfleisch. "Hm", brummte er, löste es aus den Knochen und schnitt auf Wunsch vorsichtig von Hand die gewünschte Anzahl Scheiben. Sieben Rouladen legte er auf die Waage, Rouladen in der doppelten Größe wie hierzulande. Ich freute mich, doch schnappte gewaltig nach Luft, als er den Preis nannte. Was fiel ihm ein? Fast dreißig Mark für sieben Rouladen? War er wahnsinnig? Das überstieg unser Budget. So viel Geld hatte ich nicht, zumal ich speziell für dieses Gericht am Vorabend tief in die Tasche gegriffen und einen gusseisernen, emaillierten Bratentopf gekauft hatte. Zum Glück kannte uns der Schotte schon seit einigen Wochen, schätzte uns als neue Kundinnen, mit denen er es nicht verderben wollte. Er nahm meinen Protest mit seinem üblichen Humor. "Meine Liebe, das ist das teuerste Fleisch, nämlich Rumpsteak." "Ja, aber in Deutschland sind Rouladen nicht so teuer", jammerte ich. "Wahrscheinlich kennt Ihr Deutschen gar kein Rumpsteak", witzelte er und gab mir einen Preisnachlass von fünfzig Prozent.

Er hatte Recht. Ich hatte bis dahin noch nie Rumpsteak in Deutschland gegessen, hatte es erst am Schiff kennen gelernt. So also sah es in rohem Zustand aus!

Von diesem großen Fleischpaket brauchte ich nur die Hälfte für das Essen der Dawsons. Ich machte aus jeder Roulade zwei, bestrich sie mit deutschem Senf aus der Tube, füllte sie mit einer Scheibe rohem Schinken und einem Solei, denn die Dawsons mochten - wie alle Neuseeländer - keine eingelegten Gurken. Deshalb schmeckten die "Vogelnester" nicht wie bei Muttern. Die Dawsons nannten meine Rouladen "Beef Olives" und fanden die Füllung sehr originell. Wieder war ich um eine Erfahrung reicher und wusste, dass ich für mein Lieblingsgericht "Topside-Steak for Beef Olives" verlangen musste. Zu meinem Entsetzen füllen die Neuseeländer die Rinderrouladen mit dem Gehackten ihrer scheußlich schmeckenden Bratwürste. Da lobte ich mir die andere Hälfte der Fleischscheiben, die ich wie gewohnt mit rohem Schinken, Zwiebelscheiben und Delikatessgurken aus Deutschland füllte. So schmeckten sie wie daheim und reichten für Cathrin und mich bis einschließlich Donnerstag. Mein Rouladenappetit war für die nächsten Wochen gestillt!

Öfter als uns lieb war, luden sich Freunde ein. Sie sagten einfach, wir kommen am Sonntag zu euch zum Essen oder sie steckten ihren Kopf zur Tür herein, wenn das Essen fast fertig war oder wir gerade auftischen wollten. Zu letzteren zählten Maria und Jan. Freilich schuldeten wir ihnen Dank für vieles. Sie hatten uns bei der Wohnungssuche geholfen, uns zwei Bambussessel aus ihrem Lagerraum, einen Heizer und was auch immer für die gemütliche Ausstattung unseres Zimmers zur Verfügung gestellt. Uns blieb oft keine andere Wahl, als unseren Braten, der für zwei Tage reichen sollte, mit ihnen zu teilen. Mit der Zeit wurde uns ihr Nassauern lästig, zumal eine Gegeneinladung zur indonesischen Reistafel allzu oft pauschal ausgesprochen wurde, aber nie erfolgte.

Ein beliebter und schnell zubereiteter Nachtisch bei Dawsons waren Beeren in Götterspeise. Ich hatte meine Liebe für Boysenbeeren entdeckt und konnte davon nicht genug kriegen. An einem Sonntag mit Maria und Jan als Zaungäste hatte ich für uns Boysenbeeren aus der Büchse in Götterspeise und Spanish Cream zubereitet. Die aufgetragene Sahne in der Schüssel war Jan nicht steif genug. Er schleckte seine Gabel ab und half nach, indem er tüchtig in der Sahne herumfuhrwerkte. Na, dann ...

Sonntag war mein einzig freier Tag in der Woche. Statt Ruhe und Erholung zu tanken, mussten wir Zwangsgastgeber spielen. In mir brodelte es. Dank hin, Dank her. Sie halfen, ja, aber was hatte ich ihnen für Kosten erspart? Was hätte die Fracht für ihre Kiste gekostet? Vom Zoll ganz zu schweigen. Warum kamen sie so oft zum Nassauern? Mussten sie uns in der kalten Jahreszeit das

Zimmer verräuchern? Waren wir verpflichtet, sie sonntäglich zu ernähren? Warum kochte Maria nicht zur Zufriedenheit ihres Mannes, der mit seiner abgeschleckten Gabel unsere Sahne nach seinem Geschmack steif schlagen musste? Ich schwieg, sagte kein Wort mehr. Mir war der Appetit vergangen. Auf solche Freunde, die sich zu Dauergästen machten, konnte ich verzichten. Sollten sie doch ihr Gerümpel wieder mitnehmen.

Und als er plump nach dem Grund meines Schweigen fragte, hielt ich damit nicht hinter dem Berg. Sie hatten kapiert und kamen eine Weile nicht mehr.

Cathrin und ich genossen unsere Zweisamkeit, teilten die Arbeit und ergänzten uns, schrieben Briefe, lasen viel, machten Handarbeiten oder nähten. Bei schönem Wetter unternahmen wir sonntags Ausflüge mit Walter und Max, einem Österreicher, der mit Liesl, Lotte und Willi drei Monate nach mir Neuseeland erreicht hatte. Auf der letzten Fahrt der MS *Sibajak* muss es zugegangen sein wie auf einer Jungfernfahrt mit Äquatortaufe und unvergesslich schönen Veranstaltungen. Die vier Österreicher hatten bei einem Wettsingen auf dem Schiff den ersten Preis gewonnen. Alle vier arbeiteten in der Strickabteilung für Strümpfe und Socken bei Lane, Walker & Rudkin. In der Nähe der Fabrik hatten sie ein möbliertes Haus gemietet.

Walter hatte mich an einem Samstag nach einem Aufenthalt von etwas über sechs Monaten bei den Dawsons mit einem Motorrad überrascht. Peter und Rebecca ließen sich auf kurzen Spritztouren den Wind um die Nase wehen und erkoren den hübschen Österreicher zu ihrem Helden. Nach weiteren fünf Monaten hatte dieser Held das Zweirad für ein Auto, ein Kabriolett, eingetauscht.

Freund Walter war schon am Schiff um seine Glückssträhne beim Bingospielen beneidet worden. In Christchurch besuchte er Pferderennen, riskierte viel und gewann. Natürlich erfuhren Rebecca und Peter nie etwas vom Laster des einstigen Polizisten aus dem Salzburger Land.

Schon zu Ostern, bei ihrer ersten Begegnung, hatte der attraktive Walter von Cathrin Feuer gefangen. Er umwarb und belagerte sie wie eine Festung, nahm sie mit zu Pferderennen, zu nächtlichen Hasen- und Kaninchenjagden oder ging mit ihr am Samstagabend zum Tanzen. Cathrin blieb unnahbar.

Boysenbeeren in Götterspeise

½ Packung Götterpeise, 1 Pfund frische Beeren
oder Boysenbeeren/Himbeeren aus der Büchse, 1 Becher Sahne

Götterspeise nach Vorschrift auflösen.
(Bei Verwendung von eingemachten Beeren, Saft auffangen und verwenden.)
Beeren Waschen, Abtropfen lassen, in eine Glasschüssel geben
und die aufgelöste Götterspeise darüber gießen.
Über Nacht in den Kühlschrank stellen.
Vor dem Auftragen die Sahne mit 1 EL Puderzucker steif schlagen
und auf die Götterspeise mit Früchten verteilen.

Wer mag, kann auf die fest gewordene Götterspeise
einen Vanillepudding (etwas abgekühlt) verteilen, so dass das Rot sich mit dem Gelb
des Puddings leicht vermischt.
Vor dem Auftragen mit der Sahne verzieren.

Spanish Cream

1 EL Gelatine, ½ kleine Tasse kaltes Wasser, 2 große Tassen Milch,
3 EL Zucker, 2 Eier, 2 Vanillezucker

Gelatine etwa zehn Minuten in kaltem Wasser quellen lassen, erhitzen bis sich
alle Granulate gelöst haben. Abkühlen.
Eier trennen. Eidotter mit Milch aufschlagen,
Zucker und die gelöste Gelatine in die Eiermilch geben,
vorsichtig erhitzen, nicht kochen!!!, bis die Masse gut gebunden ist,
abkühlen lassen.
Nach völligem Erkalten Eiweiß zu steifem Schnee schlagen,
Vanillezucker zugeben, weiter schlagen und vorsichtig
unter die abgekühlte Creme heben,
in eine Glas- oder Kristallschale gießen und
im Kühlschrank erstarren lassen.

Brandy Snaps

Wir wohnten seit Wochen in der Antigua Street und kannten unseren Vermieter noch nicht. Eines Tages mähte ein Mann zwischen fünfzig und sechzig Jahre den Rasen. Er stellte sich als Stan Cassidy vor. Seine Figur und die Art, wie die Hosenträger die um den Bauch schlackernde Hose hielten, erinnerten an einen Gartenzwerg, der mich allerdings um Haupteslänge überragte. Unter der Krempe seines zurückgeschobenen Panamahutes quoll eine Fülle rot-grauer Haare hervor, ein Erbe seiner irischen Vorfahren. Wie Dachrinnen überschatteten extrem buschige, rotblonde Augenbrauen seine hellgrauen Augen, die uns geradezu liebevoll anstrahlten. Wie er uns später erzählte, waren seine Brauen ein Zeichen seines Berufes: Lokomotivheizer bei der neuseeländischen Eisenbahn. Die züngelnden Flammen hatten sie oft abgesengt und gleichzeitig wie Dünger zu stärkerem Wuchs angeregt.

Stan Cassidy war vorzeitig aus dem Dienst der Eisenbahn ausgeschieden und hatte seine Ersparnisse in Christchurch in Immobilien angelegt. Er selbst lebte als Privatier von Mieteinnahmen in einem Wohnwagen oder kampierte dort, wohin ihn seine Angelleidenschaft trieb. Aus Respekt vor seinem Alter redeten wir ihn nicht - wie in Neuseeland üblich - mit seinem Vornamen an. Wir nannten ihn Onkel Stan. Er schlug uns nie einen Wunsch ab und bat uns für die exorbitante Stromrechnung nach den ersten Wintermonaten nicht zur Kasse.

Anfang Mai kroch unter unserem Fenster betont langsam ein grüner Holden vorbei. Ein Mieter für das letzte leere Zimmer? Wir lernten diesen neuen Bewohner in der Küche kennen. Der drahtige kleine Mann hieß Hans. Vor etwa zehn Jahren hatte ein Betrieb in Österreich drei Zimmerleute für mehrere Jahre nach Neuseeland geschickt, um vorgefertigte Häuser zusammenzubauen. Hans und seine Kollegen waren nach Ablauf der gesetzten Frist nicht nach Hause zurückgekehrt. Zwei seiner Kumpels waren verheiratet, Hans noch Junggeselle.

Onkel Stan vermutete richtig, sein neuer Mieter befand sich auf Freiersfüßen. Junge Neuseeländerinnen verliebten sich auf den ersten Blick in flotte Autos und beim zweiten Blick erst in deren Besitzer. Wir liebten weder noch, pflegten und bekochten den Österreicher aus purem Egoismus, um nachts ohne seine Hustenattacken ungestört schlafen zu können.

Hans verstand nicht, wie ihm eine Erkältung nach nur kurzem Aufenthalt in der zivilisierten Welt so zu schaffen machen konnte. Seit drei Jahren hatte er das ganze Jahr hindurch als "deer stalker" im neuseeländischen Busch gelebt, war bei Wind und Wetter auf die Pirsch gegangen. Im Winter hatte er eisige Flüsse durchwatet und war nie krank geworden. Warum in der Stadt?

Was Hans über sein Eremitendasein im Busch des Landesinneren von sich gab, klang höchst unglaubwürdig. Doch er erzählte die Wahrheit. Nach der Besiedlung Neuseelands schenkten Staatsoberhäupter mehrerer Länder dem neuen Land Wildtiere für die Jagd. Ohne Hege und Pflege vermehrten sie sich im undurchdringlichen Busch und richteten durch Verbiss enorme Schäden an, die zu immer größeren Landerosionen führten. Experimente mit ausgelegtem Gift brachten keine Erfolge. Im Gegenteil! Die Neuseeländer liebten Picknicks, schöpften und tranken Wasser aus klaren Gebirgsbächen und erkrankten. Rätselraten! Was löste diese Krankheiten aus?

Des Rätsels Lösung war leicht. Stürzte ein an Gift verendetes Tier am oberen Bachlauf ins Wasser, setzte dort die Verwesung ein und spülte das Gift mit sich fort. Was tun?

Um die Wildtiere auszurotten oder zumindest ihre Zahl drastisch zu reduzieren, wurden Männer angeworben, die sich zum Jagen berufen fühlten. Als "deer stalker" wurden sie in die Wildnis entlassen. Dort führten sie in einfachen Hütten ein primitives Leben. Sie streiften durch die Gegend, erschossen die einstigen Geschenke europäischer Staatsoberhäupter und verwilderte Haustiere wie Ziegen und Schweine. Von den erlegten Beutetieren schnitten sie die Schwänze ab und überließen die Kadaver der Natur. Tonnenweise verfaulte das Fleisch in der Wildnis. Welch ein Frevel. Es gab so viel Hunger in der Welt. Ja, das Ausfliegen für das Wildbret käme zu teuer.

Was die Jäger neben frischem Fleisch und Fisch zum Leben brauchten, flogen Hubschrauber in die Jagdgebiete. Die Vorräte reichten meistens vier Wochen. In diesen Intervallen besuchte ein Ranger die fernab der Zivilisation gelegenen Unterkünfte, zählte, registrierte und verbrannte die Schwänze von den Tieren und nahm die Bestellung für die nächsten Wochen entgegen. Pro Schwanz zahlte der Staat ein neuseeländisches Pfund. Die primitive Unterkunft, die Munition und alles, was die Jäger zum Leben brauchten, wurde vom Staat gestellt.

Wer ein solch einsames Leben nicht scheute, konnte besonders in den Anfangsjahren des Projektes sehr viel Geld verdienen. Hans machte keinen Hehl daraus, dass er als guter Schütze in den drei einsamen Jahren ein kleines Vermögen "erschossen" hatte.

Nach seiner Genesung ließ er sich weiterhin von uns bekochen und trug zum Lebensunterhalt bei. Für prasselnde Kaminfeuer in seinem geräumigeren Zimmer brachte er Holz von den Baustellen mit, oder wir fuhren am Wochenende in die nähere Umgebung, wo wir etwa pfundschwere Tannenzapfen sammelten, die die Farmer heutzutage für teures Geld verkaufen. Allen war geholfen, auch unserem Vermieter, der sich über niedrigere Stromrechnungen freute. Hans liebte Leckereien, knabberte gern Plätzchen und konnte nicht genug kriegen von den mit Sahne gefüllten Brandy Snaps. Was gab es Schöneres, als bei einer guten Tasse Tee in die Flammen und Glut zu träumen und selbstgebackene Plätzchen oder Brandy Snaps zu genießen.

Im August sprach Hans von seinem erneuten Aufbruch in den Busch. Vorher wollte er die Tüchtigkeit seines Autos erproben und den südlichen Teil der Südinsel bereisen. "Ihr könnt mitfahren und euch an den Kosten beteiligen", schlug er vor. Das war die Chance, etwas mehr von Neuseeland zu sehen als nur die nähere Umgebung der Stadt. Cathrin und ich baten um unbezahlten Urlaub. Die Dawsons verzichteten nicht gern auf meine Hilfe für eine Woche. Sie murrten. Und überhaupt! Zwei junge Frauen in Gesellschaft eines Mannes? Wo blieb denn da die Moral? Das gehörte sich nicht. Sie kannten Hans, der mich in den Wintermonaten öfter zur Arbeit gebracht und abends abgeholt hatte, dennoch blickten sie unserer Reise mit gefurchten Stirnen entgegen.

Wir ließen Dawsons Bedenken und den Winter hinter uns. Der Frühling mit Blütenvielfalt, verzaubernden Düften, Farbenpracht und Vogelgezwitscher begleitete uns auf der Fahrt durch eine Insel, die sich uns wie ein Bilderbuch öffnete. Mit eigenen Augen schaute ich die unzähligen Naturschönheiten, von denen ich vor meinem Aufbruch gelesen hatte. Traumhaft schöne Sonnenuntergänge vor den schneebedeckten Alpen verzauberten uns. Im Abenddämmer spiegelte sich das Bergmassiv mit dem höchsten Berg des Landes im spiegelglatten Gletschersee Pukaki, der damals schon für die Stromerzeugung genutzt wurde. Sogar der Reiz der von braunem Farn überwucherten Berge fing uns ein. Sie glichen - je nach Sonneneinstrahlung - einer mit lilabraunem Samt überspannten Theaterkulisse. Wie sehr bedauerten wir, dass wir zu dieser Jahreszeit nicht in den klaren, von Schneewasser gefüllten Gebirgsseen Wanaka oder Wakatipu baden konnten.

Quartiere hatten wir nicht gebucht. Hans´ Behauptung bewahrheitete sich: die Campingplätze waren auf der gesamten Strecke verwaist, schienen nur auf uns zu warten. Wir mieteten für wenig Geld Häuschen, mussten nie zelten. In den Großküchen fanden wir alle nötigen Utensilien, so dass wir wie zu Hause kochen, braten und backen konnten. Die sauberen Duschräume gehörten uns allein. Auch Petrus meinte es gut. Sonnenschein begleitete uns auf der Reise von gut einer Woche.

Leider befand sich für die geplante Rückreise eine Brücke der Haast-Pass-Route von Queenstown entlang den Seen Wanaka und Hawea noch im Bau. Wir konnten nicht an der wildromantischen Westküste nach Christchurch zurückfahren. Hans musste die Weiterfahrt überdenken, kaufte Landkarten und entdeckte im Laden Werbung für Rundflüge über die Alpen zum Milford Sound. Cathrin und Hans waren begeistert, wollten sofort und auf der Stelle einen Flug buchen. Ohne mich! Ich wollte in keinem Sportflugzeug von Queenstown zum Milford Sound und zurück fliegen. Angst vor einem Absturz? Keinesfalls. Die Gehirnwäsche begann. Ich könnte doch die doppelte Portion Reisetabletten ... Nein, und nochmals nein. Mir war egal, wie die Alpen von oben aussehen. Sie buchten einen Flug, ich kaufte mir einen Ring, fand aber keine Ruhe vor den Versuchern. Hans warf mir Geiz vor. Geizig wollte ich nicht sein. Ich flog mit.

Die unangenehme Erfahrung meines ersten Fluges trübt noch heute die bilderbuchhaften Impressionen dieser eindrucksvollen Reise. Cathrin hat sehr viel vergessen, aber nicht den Schreck meines stundenlangen Schüttelfrostes, der auf dem Rückflug vom Milford Sound begann. Erst ein Arzt konnte diesen Zustand mit einer Injektion beenden. Und Hans, der in Wirklichkeit der Geizige war, fühlte sich schuldig. Er zahlte für den Arztbesuch.

Wir fuhren alle Sehenswürdigkeiten in der Nähe von Queenstown ab, machten uns mit der Siedlungsgeschichte vertraut und versetzten uns gedanklich in das schwere Leben der Goldgräber. Viele Glücksritter fanden statt Gold in den strengen Wintern vor Hunger und Entbehrungen den frühen Tod. Fotografen fangen noch heute für Bildbände oder Kalender das Gold des Herbstes in der einstigen Goldgräberstadt Arrowtown mit der Kamera ein. Wir erlebten sie im

Frühjahr, ohne Massentouristen und spürten noch den Hauch von einst. Unsere Suche nach Nuggets im Geröll des Flusses war erfolglos, obwohl sich das Schürfen auch im 21. Jahrhundert noch lohnen soll.

Weiter ging es Richtung Invercargill. Die Stadt Alexandra stand im Zeichen des Frühlingsfestes. Die Goldvorkommen in dieser Gegend sind seit langem erschöpft, doch Gold in anderer Form lockt hier im Sommer Saisonarbeiter in großer Zahl: baumgereifte Aprikosen, süß und saftig. Hinter schützenden Hecken erspähten wir den Blütenzauber, der bei den Temperaturen eine reiche Ernte erwarten ließ.

Damals fuhren wir noch über die Hängebrücke, deren Brückenpfeiler aus behauenen Steinen heute wie Helden aus grauer Vorzeit aus dem Fluss ragen.

Staudämme für weitere Seen zur Elektrizitätsgewinnung befanden sich damals in Planung. Häuser der Stadt Cromwell im Herzen Otagos träumten noch an den Plätzen ihrer Erstehung vor sich hin. Jahre später wurden sie vor der Überflutung des Ortes an höher gelegene Plätze "verpflanzt". Über die Tafelberge am gegenüberliegenden Ufer zerbrachen wir uns die Köpfe. Nicht Mutter Natur, die Goldgräber hatten sie schichtweise abgetragen. Ende der sechziger Jahre veränderten die Menschen das Landschaftsbild noch einmal. Otagos Straßen, die an den Flüssen entlang verliefen, liegen heute dreißig Meter unter den gestauten Seen.

Der angefahrene Campingplatz der südlichen Gartenstadt Invercargill besaß keine Häuschen. Wir mieteten einen Wohnwagen. Keine Einzelzimmer! Bei jedem Schritt, jeder Drehung im Bett vibrierte diese Bleibe und nervte.

In Bluff, der südlichsten Spitze des Landes, suchten wir mit Blicken Stewart Island oder "Rakikura", wie es die Maoris wegen der flimmernden, flirrenden Lichterspiele von der Antarktis an lauen Sommerabenden nennen. Zwischen glattgewaschenem Felsgestein fanden wir zuhauf leere Pauamuscheln. Heute sucht man danach vergebens, denn der "Seeopal" erfreut sich seit Jahren in den Gold- und Silberschmieden großer Beliebtheit. Geschmeide mit den funkelnden Farben dieser gut handgroßen Muschel finden Käufer heute auch in deutschen Juwelierläden.

Die Erkundung der von Schotten gegründeten Stadt Dunedin fiel vergleichsweise kurz aus. Auch für den Besuch des einzigen Schlosses im Lande nahmen wir uns keine Zeit, denn Hans drängte nach Hause. Cathrin durfte von

Dunedin bis Christchurch das "fesche" Auto steuern, obwohl Hans sich bei jedem entgegenkommenden Fahrzeug vor Angst an seinem Sitz festklammerte.

Die Reise hatte uns in jeder Hinsicht so gut gefallen, dass wir sofort auf Hans´ Vorschlag eingingen, mit ihm zu Weihnachten, zur Haupturlaubszeit, den nördlichen Teil der Südinsel zu erkunden.

Brandy Snaps

140 ml Sahne, 55 g Butter, 55 g Zucker,
55 g Golden Syrup (Rübensaft), 55 g Mehl, 1 TL gemahlenen Ingwer,
1 TL Zitronensaft, 1 TL Branntwein (falls gewünscht)

Ofen auf 180° C vorheizen. Zwei Backbleche mit Backpapier belegen.
Butter mit Zucker und Syrup (Saft) in einem Topf bei mittlerer Hitze erwärmen.
Von Zeit zu Zeit umrühren, bis der Zucker gelöst ist.
Zitronensaft zugeben und vom Herd nehmen.
Mehl und Ingwer dazugeben und glatt rühren.
Branntwein zugeben, falls gewünscht.
Teelöffelweise den Teig mit großen Abständen auf das Backblech setzen und
bei mittlerer Hitze backen (jeweils sechs!).
Die Plätzchen sind fertig, wenn sie braun sind und wie Spitze aussehen.
Etwas abkühlen lassen. Noch warm vom Papier lösen und schnell um ein
Hölzchen in der Stärke des Daumens wickeln.
(Zwei Rundhölzchen besorgen).
Die Snaps von den Hölzern schieben, wenn sie fest sind.
Vor dem Servieren mit geschlagener, ungesüßter Sahne füllen.
Falls sie nicht sofort verwendet werden, können sie nach völligem Auskühlen
in einer luftdichten Dose aufbewahrt werden.

Die Brandy Snaps sind wahre Kalorienbomben. Wegen meiner Gewichtsprobleme habe ich sie seit Jahren nicht mehr gebacken. Bei Dawsons waren sie die Krönung für gepflegte Nachmittagstees.

Irish Stew

Auch die zweite Reise mit Hans durch die nördliche Hälfte der Südinsel ist fest in meinem Gedächtnis verankert. Allerdings stand die Fahrt zwischen Weihnachten und Neujahr von Anfang an unter keinem guten Stern.

Als wir uns im September spontan zur Mitfahrt entschlossen, ahnten wir nichts von Trudys Plänen. Sie wollte ihren Jan heiraten und hatte als Hochzeitstag die erste Wiederkehr ihrer Ankunft in Neuseeland, den vierten Januar, gewählt. Cathrin und ihr inzwischen immigrierter jüngerer Bruder sollten Trauzeugen sein. Diese Nachricht durchkreuzte unsere Wünsche und stellte uns vor ein Problem. Wie sollten wir Hans informieren? Er hatte keine Adresse hinterlassen. Auch Siegfrieds Onkel, ein weiterer Österreicher aus unserem Freundeskreis, konnte seinen Neffen im Busch nicht erreichen. Mit Bangen blickten wir dem Wiedersehen mit Hans entgegen, der ein paar Tage vor Weihnachten mit Siegfried nach Christchurch zurückkommen wollte.

Die Tage schleppten sich dahin. Er kam nicht. Wir atmeten erleichtert auf, frohlockten über seine Vergesslichkeit, doch freuten uns zu früh.

Am Nachmittag des Heiligen Abend wollte ich Maria und Jan mein Geschenk bringen. Als ich mit dem Fahrrad von der Auffahrt in die Straße einbiegen wollte, stieß ich fast mit dem feschen grünen Holden zusammen. Hans wieherte aus dem geöffneten Fenster über mein verschrecktes und verdattertes Gesicht. Das Lachen verging ihm schnell. An unseren betretenen Mienen merkte er, dass etwas nicht stimmte, nicht stimmen konnte und nichts mit dem Beinahe-Unfall zu tun hatte. Cathrin und ich stotterten Sätze, die keinen rechten Sinn ergaben. Dennoch sank die Hiobsbotschaft ein. Sein wettergegerbtes langes Gesicht verzog sich im Zeitlupentempo. Rumpelstilzchen tobte durchs Zimmer.

"Was fällt euch ein, ihr blöden Weiber? Das könnt ihr doch nicht mit mir machen. Wenn ich das gewusst hätte, wäre ich im Busch geblieben."

In diesem Tenor ging es weiter. Wir fanden keine Chance, ein Wort einzuflechten. Cathrin entschuldigte sich, flüchtete in die Küche und brühte Tee. Er schimpfte noch eine Weile vor sich hin, stierte aus dem Fenster hinaus, um dann im normalen Tonfall weiter zu reden: "Eigentlich eine feine Lösung. Cathrin kann ruhig zur Hochzeit ihrer Schwester ....".

Verlegen brach er das Gespräch ab, denn die Tür öffnete sich langsam und Cathrin betrat das Zimmer mit dem beladenen Tablett: Tee, Weihnachtsplätzchen und Stollen. Selbstgebackene Leckereien! Seine Augen glänzten. Die Liebe ging bei ihm durch den Magen und selbstgebackene Plätzchen ... Darüber vergaß er allen Gram.

Während wir Tee tranken, wetterte er mit vollem Mund über Siegfried, mit dem er die Jagdhütte in den letzten Monaten geteilt hatte und der aus Geldgier zu spät von der Pirsch zurückgekommen war. Hans Eintreffen und sein Jägerlatein brachten unseren Tagesablauf durcheinander. Er merkte meinen verstohlenen Blick auf die Uhr, sprang auf und sagte: "Herrje, es ist ja schon so spät, ich muss noch Weihnachtsgeschenke für euch und meine Freunde kaufen. Ich fahre dich zu Maria und Jan und hole dich nach zwei Stunden wieder ab." Widerreden ließ er nicht gelten.

Im Auto wurde mir klar, warum sein Tobsuchtsanfall so abrupt verebbt war.

"Es macht mir gar nichts aus, wenn Cathrin nicht mitfährt. Im Gegenteil, ich will sie gar nicht dabei haben. Und du musst nicht zur Hochzeit gehen. Weißt du, im Busch hatte ich genug Zeit, über euch beide nachzudenken. Du siehst nicht so gut aus wie Cathrin, hast keine so hübsche Figur, aber du bist die Tüchtigere. Du bist geschickt, was du anpackst gelingt dir. Du kannst einfach alles. Ich habe schon einen Plan für ein Haus auf Cashmere Hill gezeichnet. Unten die Schreinerwerkstatt mit Büro, und oben einfach ein Paradies für uns beide. Ich mache mich selbstständig und du kannst den schriftlichen Kram machen. Ich und du sind ein gutes Gespann, können uns ideal ergänzen. Und weißt du was, ich habe noch eine Idee. Wir könnten zusammen ein Buch über Neuseeland herausgeben, ich liefere die Fotos und du den Text."

Hans machte mir allen Ernstes einen Heiratsantrag. Die Urlaubsreise sollte ein vorgezogener Honeymoon sein. Das schönste Haus unter den Wohlhabenden der Stadt wollte er mir auf Cashmere Hill bauen. Ich fühlte mich geschmeichelt und lachte im Stillen in mich hinein. In einer exklusiven Wohngegend konnte er nie und nimmer Sägen kreischen lassen. Durch den langen Aufenthalt im Busch hatte er wirklich jegliches Gespür für die zivilisierte Welt verloren. Und ein Buch? Er wollte mit mir zusammen ein Buch herausbringen. Ein Buch über sein Leben als Jäger mit seinen exklusiven Tierbildern?

"Was sollen diese Hirngespinste, Hans? Wir und heiraten? Ein Buch herausgeben? Dazu gehört mehr als nur schöne Naturaufnahmen." Ich lachte aus vollem Halse, freute mich, dass wir am Ziel waren und sagte nach dem Aussteigen: "Ohne Cathrin mache ich die Reise nicht mit dir. Bis bald. Halt, noch eine Bitte habe ich. Kauf uns keine Geschenke. Schlimm genug, wenn du wegen uns vergebens in die Stadt gekommen bist."

Nicht zwei, drei Stunden langweilte ich mich bei Maria und Jan und wartete auf ihn.

"Frohe Weihnachten" wünschte er bei seinem Eintritt und bestaunte im selben Atemzug den riesengroßen Rosenstrauß auf dem Tisch. Maria wehrte ab. Jan hätte diese Rosen im Auftrag meines Verlobten für mich gekauft. "Verlobter?" Hans schluckte, wurde unter seiner Bräune blass und plumpste wie ein Sack Kartoffel in den angebotenen Sessel. Hatte er wirklich geglaubt, dass ich ein Foto von Joachim Fuchsberger auf meinen Nachtkasten gestellt hatte?

"Rosa Rosen", höhnte er im Auto. "Ich hätte dir dunkelrote geschickt."

Ich wusste, warum es keine dunkelroten waren. Nach dem Film "Ein Herz spielt falsch" hatte ich das Vertrauen und den Glauben meines Freundes an meine Liebe getestet. Ich hatte ihm geschrieben, dass ich von Siegfried, der sich Ende des Winters zu den Österreichern gesellt hatte, ein Kind erwartete. Heiner verlor keine Zeit, fuhr zu meiner Mutter und tobte über mein hinterhältiges Verhalten und meine Untreue. Meine Mutter hatte ich eingeweiht. Sie amüsierte sich köstlich über seinen Eifersuchtskoller und nannte ihn den größten Dummkopf unter der Sonne, weil er mich weggeschickt hatte.

"Ja", sagte sie, "ich freue mich auf mein Enkelkind". In Wirklichkeit freute sie sich auf meine Rückkehr nach einem weiteren Jahr. Ich weiß nicht mehr, was damals mehr schmerzte, seine Zweifel an meiner Treue oder seine Techtelmechtel mit anderen Frauen?

Was Hans Cathrin schenkte, weiß ich nicht mehr. Es stand in keinem Verhältnis zu meinem Präsent. Der Geizkragen überreichte mir ein Kästchen mit einer Goldkette und Anhänger sowie Ohrringe. Das Geschmeide passte zu meinem Ring mit einem Jadestein, den ich mir in Queenstown gekauft hatte. Wie viele Tiere hatten für diesen teuren Schmuck ihr Leben gelassen? Er war viel zu wertvoll. Ich wollte ihn schon wegen seiner Hintergedanken nicht annehmen, doch er bestand darauf. Er freute sich über den kanariengelben Pullover mit Krokodil, der ihm zu seiner Bräune ausgezeichnet stand. Dass wir ihn als Superschnäppchen im Personalverkauf erstanden hatten, verrieten wir nicht.

Nach der Bescherung sagte er: "Ich habe mit meinem Freund in Collingwood telefoniert. Er hat ein Haus für uns organisiert und meint, wir sollen die Reise wegen der Hochzeit verkürzen und am zweiten Januar nach Christchurch zurückfahren."

Wir akzeptierten seinen Vorschlag.

Weihnachtszeit, Ferienzeit, Hauptreisezeit. Die Hitze brütete über dem Land. Ich nahm so gut wie nichts wahr von der wildromantischen Schönheit der Alpen bei der Fahrt über Arthurs Pass. Mir fiel nicht die sich plötzlich veränderte Flora nach dem Überqueren der Wetterscheide auf. Die landschaftlich reizvolle Otira Gorge mit den damals unbefestigten Serpentinen empfand ich schlimmer als eine Fahrt mit dem Riesenrad. Später wurde die Straße asphaltiert und jetzt verkürzt eine Brückenkonstruktion die Reisezeit von und zur Westküste.

Trotz Reisetabletten war mir speiübel. Auf der engen Straße gab es nirgends ein Plätzchen zum Anhalten. Ich reckte meinen Kopf aus dem Fenster und beschmutzte das Heiligtum des Freundes. Das Stimmungsbarometer sank schneller als gedacht. Der Mann, der mir vor etwa vierundzwanzig Stunden einen Heiratsantrag gemacht hatte, sorgte sich um seine Rostlaube. Mein Zustand interessierte ihn nicht. Dieser Mann besaß keinen Funken Mitgefühl.

Es war zwecklos, zu dieser Jahreszeit Campingplätze anzufahren. Hans hatte für Cathrin und mich ein Zelt geliehen, in dem uns in den ersten zwei Nächten die Mücken und in den Morgenstunden die Sandfliegen den Schlaf raubten. Der Naturbursche schlief seelenruhig unter dem Sternenzelt, wurde von den Insekten nicht belästigt und nannte uns blöde, hysterische Weiber, die nicht in der Lage waren, ihm nach der anstrengenden Fahrt ein anständiges Mahl zu servieren. Von Doseninhalten musste er im Busch leben. Und überhaupt, warum schmeckte der Salat so komisch. Cathrin hatte vergessen, Salz an die Salatsoße zu geben, während ich das heilige Blech mit Flusswasser putzte.

Erwartete er Wunder? Wie sollten wir auf einem kleinen Spirituskocher Fleisch, Kartoffeln und Gemüse zur selben Zeit garen? Ja, freilich hatte ich Irish Stew immer in einem Topf gekocht, aber wie sollten wir frisches Fleisch und Gemüse ohne Kühlschrank bei der Hitze transportieren? Es war Weihnachten und die Geschäfte hatten geschlossen.

Wegen seiner ständigen Nörgelei, seiner Ansprüche und der juckenden Insektenstiche wollten wir von der Westküste mit dem Zug nach Christchurch zurückfahren. "Nein, tut das bitte nicht, haltet noch eine Nacht im Zelt aus. Mein Freund hat in der Nähe von Collingwood ein Ferienhaus für uns organisiert. Da gibt es keine Insekten, bequeme Betten und vor allem eine richtige Küche."

Diese hoch gepriesene Ferienbleibe war ein heruntergekommenes Haus ohne ein Fetzchen Farbe. Der Schwiegervater seines Freundes hatte es vor kurzem an einen idyllischen Platz transportiert, um es als Gästehaus herzurichten. Den Fenstern fehlten die Scheiben, dem Haus der Stromanschluss. Es gab einen Raum für eine Küche mit einem Tisch, ein paar Stühlen, aber keine Wasserver- und -entsorgung. Den summenden Mücken stellten Prachtexemplare von Spinnen nach, die die blöden hysterischen Weiber nachts aufkreischen ließen. Nur eines versöhnte uns mit dieser Unterkunft. Ein herrliches Badezimmer in Gottes freier Natur. Wir konnten zwischen Süß- und Salzwasser wählen. Oberhalb einer Lagune schöpften wir Wasser aus dem klaren Bach zum Trinken.

Vor dem Jahreswechsel fuhr Hans mit seinem Freund für zwei Tage in den Busch. Silvester sollten wir mit der Familie des Freundes verbringen, zogen aber das Alleinsein vor und ängstigten uns in der Neujahrsnacht zu Tode. Mitten im Hochsommer erlebten wir in Neuseeland unser erstes Gewitter. Hagelkörner prasselten auf das Dach, Blitze zuckten vom Himmel und beleuchteten gespenstisch die Räume. Unter dem Haus schrieen verschreckte Waldhennen in den Donner hinein. Wo sollten wir hin mit unseren Schlafsäcken? Die Windböen trieben Hagelkörner so groß wie Pingpongbälle durch die scheibenlosen Fenster. Auf dem Boden hüpften sie lustig durcheinander und erreichten alle Ecken. Irgendwann fanden wir ein trockenes Plätzchen und Schlaf. Am nächsten Morgen blickten wir in eine Winterlandschaft und konnten im stark angestiegenen Bach kein Wasser für Tee schöpfen.

Dieses Unwetter, die weiße Pracht im Hochsommer und die merkliche Abkühlung brachten die darauf unvorbereiteten Jäger vorzeitig von der Pirsch zurück. Ich atmete erleichtert auf, dass ihnen kein Wild vor die Flinten gelaufen war. Uns blieb die Zubereitung eines Wildbratens auf dem Spirituskocher erspart. Und noch etwas hatte diese Jagdexkursion in Malboroughs Wildnis gezeitigt: die Laune unseres Freundes hatte sich merklich gebessert. Wahrscheinlich hatte ihm sein glücklich verheirateter Freund und Vater von einer Schar Kindern die Leviten gelesen.

Als Belohnung für die kurze, erlebnisreiche, von viel Streit und Enttäuschung durchmischte Rundreise kochten wir in Christchurch für Hans vor seinem Aufbruch in die Wildnis und Einsamkeit sein Lieblingsgericht:

Irish Stew

Hammelkotelett (750 g) oder mehr, grüne Bohnen, 1 Stange Lauch,
1 kleiner Wirsing, 2 Stangen Sellerie, 1 - 2 Zwiebeln, 2 Mohrrüben,
1 Tasse grüne Erbsen, 4 rohe, geschälte Kartoffeln, 2 EL Fett,
Salz, Pfeffer, Kümmel, Fleischbrühe

Die zerkleinerte Zwiebel im Fett anbraten, zur Seite schieben,
Kotelett anbraten, Fleischbrühe zugeben und etwa 1 Stunde schmoren.
Lagenweise das geputzte und zerkleinerte Gemüse
darüber schichten und würzen.
Mit Fleischbrühe auffüllen und zugedeckt auf kleiner Flamme
½ bis 1 Stunde kochen. Nach Bedarf Wasser zugeben.

Cheese-Roll-Ups und Cheese-Scones

Mit der Fahrt in den Frühling (achtzehn Monate nach meiner Landung) änderte ich meine Einstellung zu Neuseeland, und in den Folgemonaten traten auch wesentliche Veränderungen in meinem Leben ein.

Mein Chef hatte mir gern unbezahlten Urlaub bewilligt und mir mit einem bedeutungsvollen Lächeln viel Glück für die Reise gewünscht. Das aus gutem Grund: Wenige Wochen nach meiner Einstellung in der Firma kam die Sekretärin zu mir und sagte: "Kommen Sie mit, George möchte Sie sprechen." *O je, dachte ich, warum will er mich sprechen? Ist er nicht zufrieden mit meiner Arbeit?*

Wie von einem Gentleman nicht anders zu erwarten, empfing er mich an der Tür. "Bitte nehmen Sie Platz, Ruth." Verunsichert setzte ich mich auf den angebotenen Stuhl am kleinen runden Tisch. Er lächelte freundlich und rückte umständlich seine Brille auf dem Nasenrücken zurecht.

"Ich habe gestern meinen Bruder besucht, meinen Bruder in Fendalton." Freddy Hamilton war sein Bruder? Die beiden hatten keine Ähnlichkeit. "Martha, meine Schwägerin, hat sich sehr gefreut, dass Sie noch nicht nach Deutschland zurückgekehrt sind und nicht mehr als Putzfrau arbeiten müssen. Ich bin mal davon ausgegangen, dass es Ihnen bei uns in der Firma gefällt. ..."

Und ob mir die Arbeit im Produktionsbüro des größten Textilwarenherstellers im Lande gefiel. Mr. George Hamilton leitete dieses Büro, in dem etwa zwanzig Angestellte für die verschiedenen Branchen Produktionsaufträge erstellten und an die Vorarbeiter der Fertigung weiterreichten. Im Gegenzug wurde Buch geführt über verbrauchte Materialien. Ich arbeitete mit zwei Kollegen in der Strickwarenabteilung zusammen. Wir unterstanden einem Zwischenchef, dessen Funktion ich nie durchschaute, und der uns mit schauderhaften Lügenmärchen von der Arbeit abhielt. Margaret und Douglas erarbeiteten nach den Verkaufszahlen die Aufträge für die Strickmaschinen. Ich erhielt täglich eine Meldung über die gestrickten Teile und registrierte sie mit dem verarbeiteten Garn sorgfältig auf den Karteikarten. Am Ende eines jeden Monats erstellte ich eine Bilanz. Wehe, meine Einträge stimmten nicht mit dem verbrauchten Garn des Wolllagers überein! Dann musste ich stundenlang nach dem Fehler suchen. Diese Arbeit machte mir Spaß, aber das Ausfüllen von Anhängetickets mit drei gleichlautenden Abschnitten für jedes herzustellende Gewand war monoton und geisttötend.

Mr. Hamiltons Sekretärin drückte mir dann auch sichtlich erleichtert am Morgen nach dem Urlaub den Korb mit den noch zu tippenden Tickets in die Hand. In diesem Moment begrüßte uns Mr. Hamilton und bat mich mitsamt den Tickets im Arm in sein Büro.

Interessiert lauschte er meinen begeisterten Schilderungen, hinterfragte vieles und erwähnte Besonderheiten, die mir im nachhinein noch die Augen öffneten. So erstand vor meinem geistigen Auge noch einmal die überwältigende Schönheit des Landes, dessen Zauber mich noch gefangen hielt. Dabei lag die geisttötende Arbeit in meinem Schoß, die mir so mehr missfiel. Schon lange hatte ich mir Gedanken über eine Vereinfachung gemacht und an jenem Morgen sah ich meine Chance gekommen. Ich unterbreitete Mr. Hamilton meinen Vorschlag. Vielleicht kam dieser zu abrupt nach der angeregten Unterhaltung über unsere Tour, denn es bedurfte mehrerer Erklärungen, bis er meine Idee begriff. "Hm, ja ...", er wollte es mit den zuständigen Herren besprechen.

Während meines Urlaubs hatte es Veränderungen im Büro gegeben. Mr. Hamilton hatte drei neue Mitarbeiter eingestellt, mit denen er mich nach unserem Gespräch bekannt machte. Auch Douglas hatte uns verlassen. An seinem Schreibtisch saß ein Holländer, jünger als ich, verheiratet, Student der Rechtswissenschaften und Schlagzeuger in einer Band. Er redete sofort Deutsch mit mir. O je, Margaret machte ein verschnupftes Gesicht, wie sie es immer aufsetzte, wenn Holländer im Vorübergehen mit mir ein paar deutsche Sätze tauschten. Ihre dünnen Lippen wurden dann zu einem Strich, die Nase noch spitzer und die Brille musste auf der Nasenwurzel hin und her geschoben oder geputzt werden.

Wie sollte unsere Zusammenarbeit mit diesem jungen Mann funktionieren? Margaret war Schottin, seit zwei Jahren verheiratet. Nach der Trauung war sie mit ihrem Mann, ihren Eltern und ihrer Schwester nach Neuseeland ausgewandert. Sie hatte Douglas, der von Schotten abstammte, quasi als Landsmann betrachtet. Mit ihm hatte sie sich über Gott und die Welt unterhalten, an manchen Tagen stundenlang. Die hochtrabenden Reden des Holländers interessierten sie nicht. Er war Student, na und? Ihr Mann studierte auch. Er absolvierte ein Fernstudium und das bei voller Beschäftigung. Ihr Peter stand vor dem Examen, konnte ihr keine Arbeit abnehmen und sie nicht in Haus und Garten unterstützen. Neben dem Beruf musste sie ... O ja, sie musste so vieles und vor allem um Douglas trauern. Auch ich vermisste den charmanten Kollegen und seine witzigen Sprüche, zumal mir die Bleistifttrommelwirbel von Henk oft genug die Konzentration raubten.

Radelte ich nach Feierabend zum Babysitting und Bügeln oder Wäsche ausbessern zu den Dawsons, musste ich nicht länger Geschichten oder Märchen erzählen. Peter und Rebecca lechzten geradezu nach Erlebnissen aus meinem Büroalltag. Warum Peter mich erst mit meinem Kollegen Douglas und später mit Hans verkuppeln wollte, blieb mir ein Rätsel. Ich galt noch immer als verlobt, trug noch immer Heiners Ring und blickte täglich in sein strahlendes Gesicht auf meinem Nachtkasten, obwohl ich mich innerlich von ihm getrennt hatte.

Eine Woche nach unserem Frühlingsurlaub flog Mrs. Dawson für einen Kongress nach Wellington. Die Brethren hatten einen neuen Oberhirten, der von Amerika anreiste, um seinen Schwestern die neuen und strengeren Dogmen in einer Extraveranstaltung einzubläuen. Mit geschlossenen Augen erzählte sie mir von diesen aufbauenden Tagen in ihrer Geburtsstadt. Von allen Regeln, die sie erwähnte, habe ich die Worte "Wir müssen unser Haus rein halten" nie vergessen, weil sie in den Folgejahren viel Leid in die Familien dieser Glaubensgemeinschaft streuten.

Ich wusste sofort, was sie ausdrücken wollte, stellte mich dumm und meinte: "Keine Sorge, Ihr Haus ist rein. Ich habe es gerade gründlich geputzt."

"O dear, das ist es nicht. Wir dürfen keine Nichtgläubigen in unseren Häusern mehr empfangen. Sie wissen sehr gut, Miss Ruth, dass wir Sie lieben. Deshalb frage ich Sie noch einmal, wollen Sie eine von uns werden?"

Wie oft noch, dachte ich zähneknirschend. Ich war nicht bereit, diesem merkwürdigen Glauben beizutreten und rechnete mit den Konsequenzen.

Zwei Tage nach diesem Gespräch rief sie im Büro an. "Miss Ruth, wir brauchen Sie heute nicht zum Babysitting. Die Wäsche habe ich auch schon gebügelt. Aber ich muss mit Ihnen reden. Kommen Sie vorbei, wenn die Kinder im Bett sind."

Weil ich mir nicht die Tür weisen lassen wollte, entschuldigte ich mich mit Halsschmerzen, was stimmte. Zwei Tage später krächzte ich sehr überzeugend meine Entschuldigung in den Hörer. Ich wusste nicht, welche Krankheit mir zu schaffen machte, wollte die Kinder nicht anstecken und deshalb das Haus nicht betreten.

"Telefon für dich", sagte Margaret am Freitag und zerrte das Telefon auf meinen Schreibtisch.

"Sind Sie abends daheim, Miss Ruth? Wir besuchen Freunde und schauen kurz bei Ihnen vorbei. Ich muss dringend mit Ihnen sprechen."

Cathrin verlor keine Minute, setzte sich nach dem Abendessen aufs Fahrrad und radelte zu ihrer Schwester. Sie war eine strenggläubige Katholikin und wollte von Dawsons aufdringlicher Missionierung nichts mehr hören.

Ich saß wie auf Kohlen in unserem Zimmer, lauschte angespannt dem Verkehr auf der Straße. Punkt sechs Uhr hielt ein Auto. Die Türen schlugen hintereinander zu, der Kies in der Auffahrt knirschte unter den eilenden Kinderfüßen. Ich ging zur Hintertür und umarmte meine Lieblinge. Unter dem Vorwand, sich unseren neu angelegten Gemüsegarten anzuschauen, schritt Mr. Dawson forsch auf die Beete zu und tat sehr interessiert. Wir folgten ihm. Seine Frau trug Mathew auf dem Arm, die anderen Kinder hielten mich fest umschlungen. Mrs. Dawson räusperte sich mehrmals, bis sie begann: "Miss Ruth, ich habe Ihnen von den neuen Regeln erzählt. Wir lieben Sie alle sehr und möchten Sie nicht verlieren, doch wenn Sie keine von uns werden, müssen wir uns heute trennen. Wir müssen unser Haus von 'Unreinen' sauber halten."

Ich nannte mich nicht nur eine Christin, ich war überzeugte Christin, ich war getauft und konfirmiert worden, ich hatte in der DDR meine Zugehörigkeit zum Bund Christlicher Frauen mit dessen Abzeichen mutig zur Schau getragen und zum Lobe Gottes in verschiedenen Kirchenchören gesungen. Nach dem Glauben der geschlossenen Brüdergemeinde war ich keine Christin. In ihren Augen war ich unrein, eine Aussätzige, die verstoßen gehört, die Jesus nie verstoßen hätte oder doch? War das, was diese christliche Familie glaubte, richtig? Sie hatte mir ein Stück Heimat in der Fremde geschenkt, die Kinder hatten den Platz meiner kleinen Cousinen und Cousins eingenommen, sie liebten mich und konnten mich nicht aus ihrem Leben entlassen, so tun, als ob es mich nicht mehr gäbe. Konnte ich mir ein Leben ohne sie vorstellen? Sollte ich doch?

Nein, wie diese Brethren wollte ich nicht sein, nie und nimmer, auch wenn ihr Glaube richtig und der meine falsch war. Niemals wollte ich als Mensch über meine Mitmenschen richten oder mich über sie erheben. Und ich wollte meine Mitmenschen lieben wie mich selbst, auch wenn das nicht immer leicht war.

Ich spürte den Druck der Kinderkörper und -arme, spürte den Strom der Liebe und Zuneigung, der zwischen uns floss. Mit aller Macht stemmte ich mich dagegen und unterbrach das bedrückende Schweigen: "Nein, ich kann aus Überzeugung kein Mitglied Ihrer Gemeinde werden."

Hatte ich etwas gesagt? Mr. Dawson tat so, als ob er es nicht gehört hatte. Er lobte unseren Garten und gab ein paar Pflegetipps gegen Schädlinge, dann sagte er: "Entschuldigung, ich habe etwas im Auto vergessen."

Er kam zurück und drückte jedem Kind ein Päckchen in die Hände. Abschiedsgeschenke!

Nacheinander umarmten sie mich, flüsterten "I love you, Miss Ruth". Ich spürte Peters und Rebeccas prüfende Blicke, als sie mir ihre Päckchen in die Hand drückten. Dann legten sich Esthers Arme um meinen Hals. Mir wurde bewusst, dass es eine solch herzliche Umarmung nie mehr geben würde. Tränen stiegen mir in die Augen. Ich ignorierte Mathews ausgestreckte Arme, schluckte den würgenden Kloß in meinem Hals hinunter und sagte in etwa: "Ihr Brethren nennt euch Christen? Ihr wisst überhaupt nicht, was das Wort bedeutet, denn Christen lieben ihre Nächsten wie sich selbst. In meinen Augen sind Sie und ihresgleichen Fanatiker wie Hitler und seine Gefolgsleute. Leben Sie wohl."

Weiter kam ich nicht. Ich wollte vor diesen Leuten nicht vor Schmerz oder verletztem Stolz aufschluchzen, ließ die Päckchen fallen und flüchtete in die Küche, die von der Auffahrt nicht eingesehen werden konnte. Später sah Cathrin die Päckchen in unserem Zimmer unter dem geöffneten Fenster liegen. Sie enthielten handbestickte Taschentücher aus der Schweiz. Es waren nicht genug, um meine Tränen zu trocknen.

Ich spürte nur meinen Schmerz, meine Enttäuschung, fragte nicht, wie den Kindern bei dem Abschied zumute gewesen sein muss. Peter und Rebecca hatten sich so sehr auf meine Filme gefreut. Aber vielleicht war der Gedanke an die Vorführung dieser Filme ein weiterer Anlass für die schnelle Trennung?

Vor meiner Auswanderung hatte ich mir in Deutschland eine 8mm-Filmkamera gekauft. Vor der Rundreise in Neuseeland besorgte mir Mr. Dawson Filme zu Sonderpreisen. Weil Peter und Rebecca sich auf der Leinwand sehen wollten, filmte ich die Familie einmal bei einem Picknick auf dem Rasen des unteren

Grundstücks. Mit jedem Kinobesuch hatte ich den Weg des Bösen beschritten. Galt diese Regel auch für Heimkinos? Falls ja, führte ich die "reinen" Kinder in Versuchung. Sie sahen in mir das personifizierte Böse.

Auch Margaret und Douglas opferte ich vor der Reise ein paar Meter und filmte sie beim Schlecken einer Eiswaffel im Betriebsgarten.

Filmpremiere fand in Deutschland statt. Heiner hatte die Filme fachmännisch zusammengesetzt, meinen Verwandten und Freunden in Fürth vorgeführt und die Filme zurückgeschickt. Im Februar war es so weit. Ich mietete für das Wochenende einen Projektor. Endlich konnte ich die Neugier meiner Freunde und die eigene stillen. Ab Freitag wurde unser Zimmer für die nächsten drei Abende zum Kino. Jeden Abend spulten wir vor einer anderen Gruppe unserer Freunde mehrmals die Filme ab. Am Sonntag erwarteten wir Margaret mit ihrem Mann und Douglas mit seiner Freundin. Douglas kam allein!

Nach den Vorführungen reichten wir Tee mit Kuchen und Plätzchen. Wir hatten viel gebacken, aber es war auch viel gegessen worden. Für die Gäste am Sonntag gab es nur noch kümmerliche Reste und lustlose, müde Gastgeber. Blamieren wollten wir uns nicht, also überwand ich den inneren Schweinehund und schob in letzter Minute Cheese-Roll-ups und Cheese-Scones in den Backofen.

Cheese-Roll-ups

1 große Tasse Mehl, 25 g weiche Butter, 1 ½ TL Backpulver, 1/4 TL Salz,
1 EL Senfpulver, Milch, Tomatensoße, 150 g geriebener Käse (Cheddar)

Mehl und Backpulver sieben, die Butter und das Senfpulver
in das Mehl kneten, mit Milch zu einem Teig verarbeiten
und auf einem mit Mehl bestreutem Brett
zu einem dünnen Rechteck ausrollen.
Mit Tomatensoße bestreichen und mit dem geriebenen Käse bestreuen,
zusammenrollen und in gut zentimeterdicke Scheiben schneiden.
Die Scheiben auf ein mit Backpapier belegtes Blech legen
und 15 Minuten bei mittlerer Hitze backen.

***

Cheese-Scones

120 g Mehl, 100 g geriebener Käse (Cheddar), 1 TL Backpulver,
1 Prise Salz, 160 ml Milch

Vorsichtig Mehl, Käse, Backpulver und Salz mischen,
schnell die Milch unter das Gemisch arbeiten,
mit Esslöffeln acht Häufchen auf ein mit Backpapier vorbereitetes Backblech
dicht nebeneinander setzen.
Im vorgewärmten Ofen bei 220 Grad 15-20 Minuten backen.
Warm aufschneiden und mit etwas Butter bestreichen.

Kokosnuss-Himbeer-Kuchen

Den "Rausschmiss" aus dem Leben der Dawsons erlebte ich als Schock. Sie liebten mich, sie mochten mich, die schätzten mich als Person und nicht nur als Arbeitskraft. Die Freiheiten, die mir das Christentum erlaubte, duldeten sie nicht. Kino- und Theaterbesuche, die Lektüre schöngeistiger Literatur, Musik- und Nachrichtensendungen von Radiostationen, Kontakte zu Andersgläubigen führten geradewegs in die Hölle. Die fürchtete auch Cathrin, wenn sie sonntags dem Gottesdienst fernblieb. Angst und Zwang, um dem Fegefeuer zu entrinnen. Wieder und wieder fragte ich mich, ob alles, was ich bisher gelernt und geglaubt hatte, falsch war? Wer hatte die Bibel geschrieben? Gott oder die Menschen? Es waren die Menschen, und sie lasen das Wort Gottes und legten es nach ihren Bedürfnissen und Wünschen aus. Das war Missbrauch. Ich las Bücher über unterschiedliche Religionen, diskutierte mit Freunden und sah Gott nicht länger als Vatergestalt. Der Glauben an ein Leben im Himmel, an ein Leben im Paradies, wie es Mrs. Dawson ihren Kindern in leuchtenden Bildern malte, verlor seinen Glanz. Für mich gab es eine Allmacht, die die Welt mit ihren unendlich vielen Wundern geschaffen hat. Und was in dieser Welt geschieht und wir nicht gleich begreifen können, geschieht aus einem bestimmten Grund.

Wieder war es Frühling, die Jahreszeit, die ich am meisten liebte und die meine Trennung von den Dawsons linderte. Meine zusätzliche Geldquelle war versiegt, eine andere begann zu sprudeln. Mein Verbesserungsvorschlag war von den zuständigen Herren begrüßt worden. Die Firma sparte Geld. Künftig wurden die Kleidungsstücke in Größen und nach Farben gebündelt und jeder Packen erhielt nur einen einzigen dreiteiligen Anhänger. Nach der alten Methode war jedem Pullover, jeder Jacke ein Ticket angehängt worden, die nicht selten für Löcher in den feinen Maschen sorgten. Weniger Arbeit, weniger Ausschussware für den Personalladen. Ich erhielt eine Gehaltserhöhung von drei Pfund wöchentlich und das bei weniger Fingerübungen.

Arbeit als Therapie war nicht länger nötig. Mein Heimweh hielt sich in Grenzen. Die Sommerabende und die Samstage standen mir zur freien Verfügung. Endlich konnte ich mittwochs regelmäßig meine Vorgängerin besuchen und an den anregenden Diskussionen in ihrem Hause teilhaben. Bettys Mann war Architekt und lud einmal in der Woche musik- und kunstliebende Freunde ein. Wir lauschten klassischer Musik und manchmal las auch ein Student etwas vor. Betty war inzwischen Mutter einer allerliebsten Tochter. Über zwei Jahre hatte sie im Produktionsbüro gearbeitet und nach wie vor interessierte sie das Geschehen an ihrem ehemaligen Arbeitsplatz. Sie lachte herzhaft und bedauerte uns, als ich Henks Trommelwirbel mit Bleistiften auf dem Tisch vorführte, mit denen er plötzlich die Stille im Büro zerriss. Es war aber nicht sein außerge-wöhnliches musikalisches Talent, das nach zwei Monaten zur fristlosen Kündi-gung führte.

Margaret und ich schauten verwundert, als er mit blutrotem Gesicht von Mr. Hamiltons Büro kam, sein Jacket anzog, seine Tasche packte und grußlos das Büro verließ. Margaret jubelte über diesen Abgang. Als seine engsten Mitarbeiter war uns entgangen, dass der allwissende Henk binnen weniger Wochen der Firma immensen Schaden zugefügt hatte. Seine Strickaufträge entsprachen nicht der Auftragslage. Sie mussten seiner Fantasie entsprungen sein. Der Leiter des Wolllagers hatte sich über die merkwürdigen Aufträge gewundert, für die keine Wolle zur Verfügung stand. Nach unfruchtbaren Diskus-sionen mit Henk hatte sich der frustrierte Lagerleiter an Mr. Hamilton gewandt.

Ein betagter Ingenieur wurde Henks Nachfolger. James Hall wollte die Jahre bis zu seinem Ruhestand nicht länger im Außendienst am Bau von Hydro-dämmen verbringen. Mir tat der für diese Büroarbeit völlig unerfahrene Ingenieur sehr leid, der aus Henks unleserlichen Eintragungen auf den Karteikarten nicht schlau wurde. Ich konnte zwar die Hieroglyphen entziffern, aber James, der wegen seiner großväterlichen Art in der Fabrik bald Old Jim genannt wurde, die Arbeit nicht erklären. Hier konnte nur einer helfen: Douglas. Er kam an zwei Abenden in der Woche nach Dienstschluss in die Firma und wies Old Jim ein. Gemeinsam brachten sie Ordnung in das Durcheinander, bis alle Strickmaschi-nen wieder Tag und Nacht entsprechend der Auftragslage kreisten.

Mein Herz klopfte schneller, wenn Douglas vor meinem Feierabend das Büro betrat. Er liebte seine neue Arbeit im Schulamt, hatte mit dem Fernstudium begonnen und erhoffte sich im Staatsdienst bessere Karrierechancen. Margaret berichtete ihm prompt von meiner Invention, die - trotz ihrer vielen Einwände - bestens funktionierte und witzelte: "Weißt du, diese Deutschen sind noch spar-samer als wir Schotten. Von denen können wir das Sparen erst richtig lernen."

Ich weiß nicht mehr, wie viel Wochen vergingen, bis ein Direktor die um eine vollautomatische Strickmaschine erweiterte Abteilung aus Mr. Hamiltons Händen nahm und einem kleinen, quirligen Schotten unterstellte. Margaret, Old Jim und ich bekamen einen neuen Vorgesetzten und sagten Lebewohl zu unserem Zwischenvorgesetzten, der von der Bildfläche verschwand. Wir zogen in Mr. McGavocks Büro, wo sich sehr bald ein bildhübscher Mitarbeiter mit recht mysteriösen Arbeitsaufgaben zu uns gesellte.

Die neue Strickmaschine mit zwölf "Köpfen" sollte Margaret zusätzlich mit Aufträgen bestücken. Sie jammerte über die Mehrarbeit und forderte eine Gehaltserhöhung. Es ging doch nicht an, dass ein Neuer um nichts und wieder nichts mehr Geld verdiente als sie oder eine Deutsche, die das Englisch der Königin nicht wie jeder anständige Schotte beherrschte. Letzteres trug mir Old Jim zu und wollte sich über Margarets Einbildung kaputtlachen. Mich wurmte ihre Scheinheiligkeit. Ich verstand zwar auch nicht, warum und wozu der Neue eingestellt worden war, aber ich regte mich darüber nicht auf.

"Ich möchte wissen, wo der sich schon wieder herumtreibt?" sprudelte sie meist ihren Ärger heraus, wenn der Mann aus Wellington ihren Anfeindungen aus dem Weg ging. Sie spionierte ihm nach und stellte fest, dass er wie der Generaldirektor persönlich in der Firma herumspazierte und mit seinem Geschwätz die Leute in allen möglichen Abteilungen von der Arbeit abhielt. Hinfort verging kein Tag, an dem sie sich keine gesunde Röte ins Gesicht schimpfte und ihr Mund immer mehr zu einem Strich wurde. Dabei sprühten ihre Augen hinter den halben Brillengläsern regelrecht Funken. Und diese viele Mehrarbeit für dasselbe Geld? Was dachte sich McGavock dabei? Er konnte ja nicht mehr richtig im Kopf sein. Statt ihrer geforderten Gehaltserhöhung erhielt sie die Kündigung, einfach so. In ihrem hellen Zorn hätte sie ihren Landsmann, den sie um fast einen Kopf überragte, am liebsten an der Gurgel gepackt und ihn obendrein mit ihrer spitzen Nase durchbohrt.

Aus der fristgerechten Kündigung machte Margaret eine fristlose. Sie kam nicht wieder. Damit zwang sie McGavock nicht in die Knie. Im Stillen bedankte ich mich bei ihr. Mit ihrer Reaktion verhalf sie mir endlich zu einer Vollbeschäftigung. Ihre Stelle wurde ersatzlos gestrichen. Einen Teil meiner Aufgaben übernahm eine Kollegin, die keine Löcher mehr in die Wand starren musste. Sie war mir ewig dankbar und lud mich sogar zu ihrer Hochzeit ein.

Ich lernte mit Hilfe des Leiters der speziellen Strickabteilung und des Vorarbeiters Margarets Arbeit, erhielt eine weitere Gehaltserhöhung von drei Pfund wöchentlich und arbeitete mehrmals abends bezahlte Überstunden, bis ich in der neuen Routine firm war. Später lud mich der Chefdesigner sogar zur Auswahl von neuen Modellen mit dem Management ein.

Mir ging es gut, finanziell sogar besser als mit dem Zusatzverdienst bei den Dawsons. Schon lange wusste ich, dass ich zwei volle Jahre in Neuseeland ausharren würde. Meine Freizeit genoss ich mit meinen Freunden nach Herzenslust. Jedes Wochenende sah uns an einem anderen, einsamen Strand. Es gefiel uns, wenn der Wind in Walters Kabriolett unsere Haare zauste. Sogar zum Pferderennen begleiteten wir ihn mehrmals.

Auf den Rennplätzen in Neuseeland ging es nicht zu wie im Englischen Ascot. Damen mit ausgefallenen Hutkreationen bildeten eher rühmliche Ausnahmen und lebten eindeutig noch nicht lange im Lande. Die Herren trugen saloppe Kleidung und gingen oft barfuß in Plastiksandalen. Viele Familienväter erhofften sich Gewinne und verwetteten in ihrer Gier nach Wohlstand nicht selten den gesamten Wochenlohn. Sie fluchten wie die Ochsenknechte, wenn ihre Favoriten nicht zu den Siegern zählten oder schwenkten jubelnd ihre Tickets in der Luft, hatten sie für Sieg oder Platz auf das richtige Pferd gesetzt. Statt mit ihren Gewinnen den Rennplatz zu verlassen, forderten sie ihr Glück beim nächsten Rennen erneut heraus und verloren oder gewannen wie unser Freund Walter.

Ich fand es viel faszinierender, die Menschen und deren Spannung als die trabenden oder galoppierenden Pferde zu beobachten oder den Reportagen zu lauschen. Walters Wetteifer und seine Glückssträhnen steckten nicht an. Cathrin und ich waren nicht bereit, unsere sauer verdienten Pfunde zu riskieren.

Natürlich gab es auch Neuseeländer, die niemals ein Pferderennen besuchten, die die Rennzeitung ihre Bibel nannten und sie in jeder freien Minute studierten. Zu letzteren zählte Old Jim. Er trug und kassierte sein Geld in Wettbüros. Oft steckte mehr Geld in seiner Hosentasche, als ich nach fast zweijährigem Aufenthalt im Lande auf meinem Sparbuch mein eigen nannte.

In Old Jim hatte ich einen väterlichen Freund gefunden, der mir Gedichte schrieb, jeden Tag Früchte aus seinem Garten oder selbstgebackenen Kuchen in die Schublade legte. Heimlich, still und leise stellte er die Weichen für meine

Zukunft. Gut ein Jahr später rief er einen ehemaligen Schulkollegen in Wellington an und machte sich stark für die Einwanderung meiner Mutter. Mit fünfzig
Jahren durfte sie in Neuseeland einwandern. Wir mussten drei Bürgen stellen
und Jim war einer von ihnen.

Kokosnuss-Himbeer-Kuchen

Für den Teig:
100 g Butter, 100 g Zucker, 2 Eier, 125 g Mehl, 1 TL Backpulver, 1 Prise Salz
2 TL Himbeermarmelade

Butter und Zucker schaumig rühren, Eier und Salz zugeben.
Mehl und Backpulver sieben und unter die Mischung rühren.
Teig in eine viereckige Form verteilen
und gleichmäßig mit Himbeermarmelade bestreichen.

Für den Belag:
50 g Butter, 75 g Zucker, 1 Ei, 1 Tasse Kokosraspel,
1/4 Tasse gehackte Walnüsse

Butter schmelzen, Zucker zufügen und verrühren.
Das Ei schlagen und unter die Butter-Zucker-Masse geben.
Kokosraspel und Walnüsse untermischen und auf den Teig
mit der Himbeermarmelade streichen.
30 bis 40 Minuten bei mittlerer Hitze backen.
Nach dem Erkalten in kleine Stückchen schneiden.
In einer Kuchenbüchse im Kühlschrank aufbewahren, falls etwas übrig bleibt.

Trifle

Das zweite Weihnachtsfest im Hochsommer und unsere Reise mit Hans lagen hinter uns. Trudy war in den sicheren Hafen der Ehe gesegelt und glücklich. Cathrin und ich schmiedeten Reisepläne. Im April waren meine zwei Pflichtjahre um. Ich wollte meine Mutter an ihrem Geburtstag Mitte September überraschen und buchte mit Cathrin für August eine Schiffsreise nach Neapel mit einem einwöchigen Aufenthalt auf Capri. Cathrin fehlte für die Reise noch Geld. Mir fiel der sagenhafte Verdienst ein, der uns im Krankenhaus für geistig behinderte Kinder gewinkt hätte.

Cathrin bewarb sich als Lernschwester. Sie freute sich auf den guten Verdienst, sah Ende April aber mit Schrecken entgegen. Dann wollten wir unser Zimmer aufgeben und uns bis zu unserer Reise im August trennen.

Alfred, mein Reisebekannter von der MS *Sibajak*, gelernter Bäcker- und Konditormeister, arbeitete in einer Großbäckerei in Melbourne. Seinem Rat wollte ich folgen und mir vor meiner Europareise in Australien kurz den Wind um die Nase wehen lassen. Um eine Arbeitserlaubnis als Verkäuferin in einer Filiale seines Unternehmens wollte er sich kümmern. Wohnen konnte ich bei seiner Schwester oder im Hause eines Freundes. Ein weiteres Abenteuer lockte.

Wie Hans blickte auch ich nach zweijährigem Aufenthalt in Neuseeland voller Stolz auf meine Ersparnisse. Heiner hatte mir laufend Zeitschriften geschickt, auch für Häuslebauer. Reklame und Preise für Immobilien hatten in mir eine Idee gezündet. Nach einem kurzen Europaurlaub wollte ich nach Neuseeland zurückkehren und vier Jahre für ein Häuschen in einem Ferienort der deutschen Alpen sparen. Ein Häuschen mit ein oder zwei Zimmern für Feriengäste, die meine Mutter betreuen konnte. Heiraten wollte ich nicht mehr. Heiners Ring trug ich zwar noch, doch die Person bedeutete mir nichts mehr, und andere Männer interessierten mich nicht.

Ich arbeitete knappe fünf Monate mit Old Jim zusammen, als ich meine Zunge nicht länger im Zaun hielt und ihm meine Zukunftspläne anvertraute. "Australien? Hm, Melbourne im Winter? Hm, du weißt nicht, worauf du dich einlässt? Zu südlich, zu nasskalt. Geh nach Surfers Paradise und such dir eine Stelle in einem Nobelhotel. Dort kannst du dir einen Sugardaddy anlachen."

Ab diesem Tag stänkerte mich Old Jim gut meinend ständig an. Er war ein guter Menschenkenner. Seine Art, wie er mir mit seinen blauen Augen die Gedanken von der Stirn las, war manchmal beängstigend. Wie oft erfragte er meine Kümmernisse, die ich hinter einer Maske zu verbergen versuchte. Kurz nachdem ich ihn in meine Pläne eingeweiht hatte, drehte er sich eines Morgens vor dem Eintreffen unserer Kollegen zu mir um und sagte: "Sweety, vergiss den Mann in Deutschland und zieh endlich den Ring von deinem Finger. Dieser Mann ist deiner nicht würdig."

Ich war fassungslos. Woher wusste er von Heiner? Ich hatte ihn nie erwähnt, hatte mit ihm Schluss gemacht, schrieb ihm seit über einem Jahr keine Liebesbriefe mehr. Kannte er Maria und Jan? Old Jim hatte nur auf den Busch geklopft. Ahnungslos war ich ihm auf den Leim gegangen. Ich höre noch heute sein leises, angenehmes Kichern über mein verdutztes Gesicht.

"Mache diese Reise nicht, Sweety, du solltest hier bleiben, heiraten und glücklich werden. Das wirst du nicht, wenn du diesem Mann in Deutschland wieder begegnest."

Seine Prognose stimmte. Ich fürchtete die Konfrontation mit Heiner und kannte das Wechselspiel meiner Gefühle zu gut.

"Im Ernst. Hör auf meinen Rat. Du hast hier so viele Verehrer." Er nannte einige, zog an seiner Zigarette und blies Ringe in die Luft. "Ich bin mit meiner Liste noch nicht zu Ende. An oberster Stelle steht nämlich Douglas." "Douglas?", fragte ich erstaunt und wohl etwas zu lebhaft zurück. Er grinste, zog erst noch einmal kräftig an der Zigarette, entließ den Rauch wieder in winzigen Ringen und schaute ihnen verträumt nach. "Willst du mir weismachen, dass dir nicht aufgefallen ist, mit welchen Kalbsaugen er dich anschaut?"

Das war mir in der Tat nicht aufgefallen. Nach Jims Rat maß ich den Grüßen von Douglas, die Frank nach den wöchentlichen Treffen mit den ehemaligen Kollegen im Pub ausrichtete, eine andere Bedeutung bei.

Anfang März kam ich nach Überstunden müde und hungrig nach Hause. Cathrin stand in der Küche und wärmte das Essen für mich. "Du hast Besuch", sagte sie schelmisch lächelnd. "Besuch? Ich habe Michels Fahrrad nicht gesehen?"

Cathrins Bruder studierte und kam regelmäßig zu uns für English Conversation.

"Habe ich etwas von Michel gesagt?"

"Nein, aber wer soll mich denn sonst besuchen?"

"Geh nur ins Zimmer, du wirst sehnsüchtig erwartet."

Douglas hatte von Frank aus dem Großraumbüro im Pub gehört, dass ich zum 30. April gekündigt hatte und Neuseeland verlassen wollte. Douglas hielt es für ein Gerücht, weil wir an dem Filmabend kein Wort über die Reise verloren hatten. Dass Margaret und er nur von sich geredet hatten, war ihnen gar nicht aufgefallen. Eine Rüge? Nein, eine Feststellung, der er nach kurzem Nachdenken beipflichtete. Seine mandelförmigen blauen Augen weiteten sich. Ich dachte an die Kalbsaugen und machte nach seiner nächsten Frage selbst welche.

"Hast du in Neuseeland mal einen Ball besucht?"

"Nein, habe ich nicht. Ich habe nicht einmal eine Tanzhalle betreten."

"Das dachte ich mir. Am 17. März, am St. Patricks Day, findet ein Ball des neu etablierten Schulamts statt. Möchtest du mich begleiten?"

Unwillkürlich dachte ich an Jims Beobachtung, aber auch an Bernadette. An manchen Tagen, wenn Douglas sich mit Margaret stundenlang unterhalten hatte, hörte ich den Namen, der mir so gut gefiel.

"O, Berna! Sie ist doch nur eine nette Bekannte aus der weitläufigen Verwandtschaft, die Schwägerin meines Cousins. Sie hat einen festen Freund."

Unterschwellige Enttäuschung oder Eifersucht entnahm ich diesen Worten nicht.

Ein Ball, hm? Viele Jahre waren vergangen, seit ich - bis auf Faschingsbälle - einen Ball besucht hatte. Die Einladung von Douglas überraschte mich so sehr, dass ich um Bedenkzeit bat. Ich brauchte ein Ballkleid. Diese Ausgabe riss ein Loch in mein Budget. Sollte ich? Ich sollte.

Am St. Patrickstag vergnügte ich mich in meinem selbst genähten Kleid auf dem Ball, hüpfte zu irischer Dudelsackmusik auf dem Tanzboden herum und schlüpfte erst am Samstag in den Morgenstunden in unser Zimmer. Für den Sonntag hatte ich Douglas zum Essen eingeladen.

Wir schuldeten Max und Walter für die ungezählten Ausflüge im Sommer ein Essen. Sie hatten sich Nasi Goreng gewünscht, und das wollten wir am Sonntag kochen. Bei der Gelegenheit wollte ich meine Freunde mit Douglas bekannt machen, denn er hatte mir einen versteckten Heiratsantrag gemacht. Ja, er hatte mich gebeten, nach meiner Reise zu ihm zurückzukehren.

Cathrin schluckte wohl etwas über den zusätzlichen Esser, denn wir hatten nur ein halbes Pfund Langkornreis. Das wäre mehr als genug gewesen, wenn der Reis nicht durch eine Unachtsamkeit angebrannt wäre. Niemand im Bekanntenkreis konnte uns aushelfen. Diese Reissorte war damals in Neuseeland noch ziemlich unbekannt, wurde nur in Spezialgeschäften verkauft, die samstags und sonntags geschlossen hatten. Was tun?

Die Hälfte von unserem Reis konnten wir retten. Was der Garten an Gemüse hergab, verwendeten wir zum Strecken der Reisportionen. Oben auf gaben wir gebratenen Schinken und je zwei Spiegeleier. Wir waren stolz auf unser Improvisationstalent und freuten uns, dass Max und Walter kräftig würzten und es sich schmecken ließen. Douglas würzte nicht. Schinken und Eier verschwanden im Nu, aber in dem Reis-Gemüse-Gemisch stocherte er nur herum. Er weigerte sich, etwas von den Gewürzen hinzuzufügen, denn Max und Walter hatten - wie sich später herausstellte - absichtlich etwas zu viel Sambal Olek unter ihren Reis gemischt, um Douglas zu verschrecken. Und das war den Schauspielern ausgezeichnet gelungen. Luftschnappend baten sie sogar um Wasser. Als wir den fast unberührten Teller mit Reis auf dem Komposthaufen entsorgten, ärgerten sie sich.

Sicher hätte Douglas seinen versteckten Heiratsantrag zurückgezogen, hätte ich an diesem Tag nicht meine Kochkunst mit einem Trifle unter Beweis gestellt.

Bis zu diesem Tag kannten Douglas und die meisten Neuseeländer Reis nur in Form von Milchpudding, und den hatte er - wie auch ich - nie gemocht.

Trifle

Biskuitbodenreste, 1 kleine Dose Ananas, 3 TL Sherry,
½ l Milch, 1 Vanillepudding, 2 TL Zucker,
1 Becher Sahne, Schokoladenstreusel oder -raspel

Den Boden einer Kristall- oder Glasschüssel mit Biskuitbodenresten auslegen.
Den Saft von der Ananas abgießen, Ananas auf den Biskuitboden verteilen,
den Sherry darüber gießen.
Von der Milch einen Pudding kochen, süßen und über die Ananas geben.
Nach dem Erkalten Sahne steif schlagen und auf den Pudding verteilen.
Mit Schokoladenstreusel oder -raspel garnieren.

Ich backe meist einen Boden für Lemingtons zur selben Zeit, schneide die Ränder ab
und verwende sie anstelle von Biskuitbodenresten.

Bacon-Egg-Pie und verlorene Eier auf Toast mit grünen Erbsen

Nach dem Ball begann für mich eine Zeit wie im Märchen. Der Prinz, den viele junge Frauen in der Fabrik angeschmachtet hatten, mochte von allen jungen Frauen nur mich. Kein Zweifel, ich war nicht erst seit dem Ball in Douglas verliebt. Ich schwebte auf Wolke sieben und konnte mein Glück nicht fassen. Heiners Foto war in der Schublade verschwunden, den Ring hatte ich vor dem Ball abgestreift und zurückgeschickt. Old Jim strahlte vor Zufriedenheit. Er hatte mir die Augen geöffnet, hoffnungsvoll und erfolgreich an meinem Glück geschmiedet. Das Leben war schön, aber so schrecklich kompliziert.

Die Turbulenzen in meinem Gefühlsleben brachten alle Vernunft und Planungen durcheinander und nicht nur meine. Douglas, der jede Stunde seiner Freizeit für sein Studium nutzen sollte, kam abends oft überraschend vorbei, holte mich mit seinem alten Austen von der Fabrik ab und fuhr mich die wenigen Schritte nach Hause. Was hatten wir uns alles zu erzählen!

Jedes Stelldichein mit Douglas machte meinen Körper zwar kribbeln, aber schuf auch eine immer größere Unsicherheit. Was tun? Cathrin gönnte mir meine Verliebtheit, freute sich für mich, aber sorgte sich um unsere gemeinsame Reise. Sie zögerte die Unterzeichnung des neuen Arbeitsvertrages hinaus, obwohl wir beide zum 30. April gekündigt hatten. Douglas wollte von einer Änderung unseres Vorhabens nichts wissen.

Nein, nein, nein, ich sollte wie mit meinen Freunden vereinbart nach Australien und Deutschland reisen. Mutter erwartete mich. Ich durfte sie nicht enttäuschen. Allerdings sollte ich seinen Ring am Finger tragen. Sein Ring! War ich mir wirklich sicher? Bedeutete mir Douglas mehr als meine große Liebe Heiner? Mit Douglas an meiner Seite würde ich Heiner trotzig in die Augen schauen können, aber ohne Douglas?

Nein, nein, nein, ganz unmöglich. Er konnte mich auf keinen Fall begleiten. Eine gemeinsame Reise? Ganz und gar unmöglich! Er hatte vor Monaten die Stelle im Staatsdienst angetreten, war Beamter auf Anstellung. Das gerade begonnene, kostenpflichtige Fernstudium konnte und wollte er nicht unterbrechen. Es bedeutete ihm so viel für seine Beamtenlaufbahn, war quasi ein Muss.

Eine solche Reise würde viel zu viel von seinen Ersparnissen schlucken. Als mein künftiger Mann trug er Verantwortung, musste an unsere gemeinsame Zukunft und den Erwerb eines Eigenheimes denken.

Wie Heiner baute auch Douglas Luftschlösser, klebte jedoch mit beiden Füßen fest auf der Erde und sträubte sich - trotz seiner ständig beteuerten großen Liebe - Geld für eine Vergnügungsreise auszugeben, geschweige denn sein gesetztes Ziel aus dem Auge zu verlieren. Wie ernst ihm unsere gemeinsame Zukunft wirklich war, erfuhr ich am Sonntag nach dem Ball.

Douglas´ Eltern erwarteten mich an diesem Tag zum Abendessen. Sie wollten mich kennen lernen. Ich hatte einen Riesenbammel, der sich mit dem vor der Einladung eines verliebten Studenten in sein Elternhaus nicht messen konnte. Stanley war jünger als ich. Mit ihm verband mich mehr die Liebe zu klassischer Musik. Er machte mir den Hof und trug sich nicht mit Heiratsabsichten, zumindest keinen sehr plötzlichen. Douglas´ Elternhaus würde ich als potentielle Schwiegertochter betreten. Ich, eine Deutsche. Die Deutschen waren bei vielen Neuseeländern wegen der letzten Weltkriege nicht gern gesehen und wurden nicht selten angefeindet. Das bekam ich gelegentlich in den Diskussionsrunden bei Betty zu spüren. Deshalb fühlte ich mich vor dieser ersten Begegnung mit Douglas´ Verwandten höchst miserabel und hätte mich am liebsten in Krankheit geflüchtet.

Ein Mitglied der Familie kannte ich bereits vom Ball her. Douglas´ Bruder Gordon war sieben Jahre jünger, ein sehr hübscher, sympathischer und schüchterner Mann mit ebenfalls gelocktem Haar und strahlend blauen Augen. Sein gewinnendes Lachen und seine blendend weißen Zähne eigneten sich für Zahnpastawerbung. Seit fünf Jahren hatte er eine feste Freundin, die zwei Jahre älter war als er und ihn mit hohen Absätzen um einen halben Kopf überragte. Auf dem Ball war mir etliche Male aufgefallen, dass sie mir scheele Blicke zuwarf, wenn mich Gordon auf der Tanzfläche kräftig herumschwenkte. Das verstand er besser als sein älterer Bruder, der mir ständig auf die Zehen trat. Es war auch keine Einbildung, dass ein Schatten über ihr Gesicht huschte, als die Sekretärin eines Schulreferenten mein Kleid bewunderte. Meinen bloßen Dank für das Kompliment ließ Douglas nicht unkommentiert im Raum stehen. Er protzte mit meiner Eigenproduktion aus nachtdunklem Taft, an dem sich sein kleines Blumengebinde in Rosa besonders gut ausnahm. Völlig überflüssig erwähnte er, dass ich wahrscheinlich die schnellste Strickerin des Landes sei, wenn nicht gar von der ganzen Welt. "Das kann sie ja im nächsten Schnellstrickwettwerb bei Hayes beweisen", bemerkte Gordons Freundin Anne in bissigem Ton.

"Ja, mach´ das unbedingt", warf die Sekretärin ein und wechselte geschickt das Thema.

Ich ahnte, dass ich auch Anne in Douglas´ Elternhaus begegnen würde und der Gedanke erheiterte mich nicht. Neid und Eifersucht verabscheute ich und tue es noch heute. Anne schien von beiden etwas zu haben. Mit Sorgfalt wählte ich von meinen vielen selbst genähten Sommerkleidern eines, das mir vorteilhaft stand und meinen großen Busen kaschierte.

Douglas´ Familie war mir durch seine Unterhaltung mit Margaret und unsere langen Gespräche bereits gut bekannt. Sein Vater war Beamter und Leiter der staatlichen Finanzabteilung der Südinsel und darüber hinaus Präsident des Working Man Club in Christchurch. Ich hatte zwar keine Ahnung, was dieser Club für eine Funktion hatte, aber bewunderte diesen Mann schon vor dem Kennenlernen aus einem noch anderen Grund.

Douglas hatte viele Jahre in Wellington bei seinen Großeltern gelebt, um der Großmutter wegen fortschreitender Sehschwäche im Haushalt zu helfen. Nach völliger Erblindung ließ Douglas´ Vater sein Haus umbauen. Seine Schwiegereltern verkauften ihr Haus in Wellington und zogen nach Christchurch. Das war die einfachste Lösung für die Betreuung der Großmutter und die Rückkehr des Ältesten in den Familienverbund.

Mir stand an diesem Sonntag die Konfrontation mit den Eltern und den Großeltern bevor. Wie würde ich bei der blinden Frau bestehen, zu der Douglas ein innigeres Verhältnis hatte als zu seiner Mutter? Würde sie mich mögen? Ich hatte gerade in einem Roman von Nevil Shute gelesen, dass man nicht nur den Mann, vielmehr auch die ganze Familie heiratet.

Als Douglas am späten Nachmittag in eine extrem enge Auffahrt neben einem einfachen Holzhaus in Papanui einbog, verlor ich etwas von meiner Angst. Kein großkotziger alter Palast aus der Pionierzeit, wie sie in diesem Stadtteil häufig anzutreffen sind. Ein schlichtes Haus, das sich von der Nachbarschaft durch eine üppige Blütenfülle im Vorgarten abhob. Die Pracht der roten, blauen und lila blühenden Hortensien am Haus entlang unterbrach nur die Haustür. Bunte Rabatten im kurz geschnittenen Rasen erfreuten die Sinne.

Thuja-Hecken grenzten das Grundstück von den Nachbarn ab, boten Wind- und Sichtschutz. Wie wichtig letzterer in dieser Nachbarschaft war, erfuhr ich Minuten nach unserem Eintreffen.

Das Tor der langen Doppelgarage stand weit offen. Im hinteren Teil sah ich ein Boot und fragte erstaunt:

"Ihr habt ein Boot?"

"Eines von den vielen Spielzeugen meines Bruders. Ich zweifele sehr, ob er es jemals fertig baut und zu Wasser bringt. Ihm spuken ständig neue Ideen im Kopf herum, die seinen gesamten Verdienst schlucken. Er steckt ja noch in der Lehre als Installateur."

Mit einundzwanzig Jahren noch in der Lehre als Handwerker? Was war das für ein komisches Ausbildungssystem in Neuseeland? Außerdem verstand ich nicht, dass der Sohn eines Akademikers Installateur wurde und nicht studierte. Gordon machte einen intelligenten Eindruck. Weiter kam ich nicht mit meinen Überlegungen, denn Douglas hatte sich mal wieder halb überschlagen, um mir als perfekter Gentleman die Tür aufzuhalten. Hinter der Garage hatte er seinen Vater entdeckt, mit dem er mich sogleich bekannt machte. Mr. Mead entschuldigte sich für seine Arbeitskleidung. Im Garten mochte er nicht in Anzug und Krawatte arbeiten. Im Gegenteil: Er war froh, wenn er am Sonntag nicht in diese Tracht schlüpfen musste. Voller Stolz zeigte er mir an der Sonnenseite der langen Garage seine Weintrauben. Er entfernte das meiste Laub von den Reben, um den blauen Trauben in der Sonne zu mehr Süße zu verhelfen. Hinter dem Haus befand sich ein ebenfalls sehr gepflegter, etwa drei Meter breiter Rasen in voller Breite des Hauses. Der Rest war Gemüsegarten. Mein Kompliment wies Mr. Mead zurück.

"Das Lob gebiert meinem Schwiegervater", lachte er. "Jeden Tag - außer am heiligen Sonntag - verbringt er die Vormittage als Häschen im Gemüse. Mein Hobby ist der Vorgarten. Mit meinen Nachbarn wetteifere ich in jedem Jahr um den Preis des schönsten Vorgartens in der Straße. Wissen Sie, ich bin wie meine Mutter, die in Greymouth Chrysanthemen gezüchtet und viele Medaillen gewonnen hat. Wenn mir nur das Bücken leichter fallen würde."

Rückenprobleme hatte er nicht. Er atmete schwer und gab seinem Übergewicht die Schuld. "Mum kocht zu gut", flüsterte er und zwinkerte mir zu. Hinter mir sagte eine Frau: "Hallo and welcome to our place from the good cook."

Nicht die Stimme, die große Ähnlichkeit, die Douglas´ Mutter mit meiner Englischlehrerin hatte, ließ mich unwillkürlich zusammenfahren. Dieselbe Größe, dieselbe Figur, dieselben ondulierten Wellen mit der kleinen Innenrolle. Sogar die Haarfarbe stimmte überein. Fräulein Janek, wie sie vor Jahren leibte und lebte, und doch war sie es nicht. Im Gegensatz zu meiner Lehrerin war sie mir wesentlich sympathischer. Und das mit dem guten Kochen schien zu stimmen, denn sie passte von der Körperfülle her gut zu ihrem Mann.

Wir hatten noch keine fünf Sätze getauscht, da bog ein grünes Auto in die Auffahrt ein. Gordon mit seinem neuesten Spielzeug, das er am Vortag gekauft und dem Vater seiner Freundin zur Begutachtung vorgeführt hatte. Der Mann war als Mechaniker beim TÜV beschäftigt und stand Gordon mit Rat und öfter noch mit unentgeltlichen Taten zur Seite. Hinter dem "Humber Hawk" konnte sich der Holden von Hans verstecken. Ein eleganter amerikanischer Straßenkreuzer, der die Brust des neuen Besitzers vor Stolz dehnte. Gordon kam mir vor wie ein kleiner Junge unter dem Weihnachtsbaum, der mir die Vorzüge seines Wagens sofort erklärte. Was verstand ich von Autos? Dennoch lauschte ich lieber Gordons Schilderungen, statt der neugierigen Frau aus dem gegenüberliegenden Haus Rede und Antwort stehen zu müssen, die sich schnell und neugierig zu uns gesellt hatte.

Ich war Douglas dankbar, als er mich in einem günstigen Augenblick in das Haus lotste, um mich mit seinen Großeltern bekannt zu machen. Pop saß im sonnendurchfluteten Wohnzimmer hinter einer Zeitung verschanzt. Er legte sie zur Seite, erhob sich mühsam und strahlte mich von oben herab mit seinen aquamarinblauen Augen an. Er war Engländer und nach dem Ersten Weltkrieg mit seiner Frau nach Neuseeland ausgewandert. Seine Eltern und Geschwister hatte er nie wieder gesehen. Wie gern hätte er England noch einmal besucht, noch einmal sein Geburtsland betreten. Er freute sich für mich und riet, die gebuchte Reise nach Hause unbedingt zu machen. Einmal verheiratet und mit Kindern sind Überseereisen finanziell kaum noch machbar und zu anstrengend. Außerdem konnte ich mich noch für ein Leben in Deutschland oder Neuseeland entscheiden. Diese Option hatte er nach der Ankunft nicht mehr gehabt. Aus diesen Begrüßungssätzen sprach so viel unterdrückte Sehnsucht.

Die Großmutter blieb bei bestimmten Witterungen im Bett. Sie litt dann stark unter Kopfschmerzen und Schwindel. Douglas führte mich zu ihr ins Schlafzimmer und rückte einen Stuhl neben ihr Bett. Sie umfasste meine rechte Hand mit ihren Händen und schon begann das Loblied auf ihren Lieblingsenkel.

Ihre Tochter hatte in Wellington nur wenige Häuser von ihr entfernt in der Stichstraße eines Tales gewohnt. Kaum hatte der junge Douglas laufen können, war er ständig ausgebüxt und mit dem Teddy unter dem Arm zu seinen Großeltern gestiefelt.

Sarah Greenbank wollte keinen Bacon-and-Egg-Pie, den es zum Abendessen gab. Ihre Tochter brachte ihr ein Sandwich mit einer salzigen Hefepaste und eine Tasse Tee. Mehr wollte sie nicht.

Im Esszimmer war der Tisch gedeckt. Gordon schleckte sich die Lippen. Sein Lieblingsgericht. Ich hatte bei Dawsons viele Rezepte für Fleischpasteten ausprobiert, aber keinen Bacon-and-Egg-Pie. Als Beilage gab es Salat wie bei Dawsons mit süßer Milchsoße. Dekorationskünste fehlten. Als Nachtisch wurde Obstsalat aus der Büchse und Eiscreme gereicht. Dem Essen folgte der übliche Cup of Tee im Wohnzimmer. Und da beging ich einen Fehler, der für immer mein Verhältnis zu meiner künftigen Schwägerin trübte. Gordon trank seinen Tee stehend mit dem Rücken zum kalten Kamin. Er hatte es eilig, wollte noch am neuen Auto herum schrauben. Wie er mir so gegenüber stand, verschmolz sein Gesicht mit dem einer jungen Frau in der Fabrik.

"Gordon, weißt du, dass du eine Doppelgängerin hast? Sie ist die beste und schnellste Näherin in unserer Fabrik."

Er bekam einen knallroten Kopf und wechselte den Blick zwischen Anne und mir in schneller Folge. Douglas´ Mutter kam mir zu Hilfe: "Das muss Anne Budden sein, ein sehr nettes Mädchen. Sie kommt aus London, und ja, sie sieht meinem Sohn wirklich sehr ähnlich."

Ich hatte eine Glocke mit Misstönen zum Schwingen gebracht und musste die peinliche Situation so schnell wie möglich überspielen. "O, ich weiß nicht, wie sie heißt oder woher sie kommt. Mir ist nur die Ähnlichkeit mit Gordon aufgefallen. Ach, übrigens Mrs. Mead, dieser Pie war lecker. Könnte ich das Rezept von Ihnen haben?"

Douglas erzählte mir später, dass Anne Budden Gordons erste Freundin und seine große Liebe gewesen war, sie aber mit ihm Schluss gemacht hatte.

Das mit der großen Liebe konnte ich verstehen, aber den Bacon-and-Egg-Pie als Lieblingsessen zu bezeichnen, ging mir entschieden zu weit. Da zog ich allemal die mich anfänglich sehr erstaunende Kleinmahlzeit Toast mit grünen Erbsen und verlorenen Eiern vor.

Bacon-and-Egg-Pie

1 Packung Blätterteig, 400 g Schinken, 6 Eier, ½ TL Salz, etwas Pfeffer, gehackte Petersilie, etwas Milch

Eine rechteckige Form oder kleinere Springform mit Backpapier auslegen.
Blätterteig ausrollen, die Form damit auslegen,
Bauchschinken leicht anbraten, auf dem Blätterteigboden verteilen.
Etwas Eigelb in eine Tasse geben und später mit Milch verquirlen.
Eier mit Salz verrühren, gleichmäßig über den Schinken verteilen.
Den Rest des Blätterteigs ausrollen und vorsichtig über den Pie geben,
die Ränder fest zusammendrücken.
Die Decke vorsichtig mit einer Gabel mehrfach einstechen,
mit dem Eigelbmilchgemisch bestreichen und
bei mittlerer Hitze backen.

Meine Schwiegermutter schlug die Eier direkt auf den Schinken.
Ich variierte: brach die Dotter, streute gehackte Petersilie darüber und
belegte den Schinken mit dicken Tomatenscheiben.

***

Toast mit grünen Erbsen und verlorenen Eiern

Toast, 1 Päckchen tiefgekühlte Erbsen, Eier, etwas Butter,
je eine Prise Salz und Zucker

Pro Person zwei Scheiben gerösteten Toast leicht buttern.
Erbsen in Salzwasser mit einer Prise Zucker und Salz kurz aufkochen,
Wasser abgießen, Erbsen auf den Toast häufen.
Für jede Scheibe Toast ein verlorenes Ei zubereiten und
auf die grünen Erbsen geben.

Pavlova Cake

Gordon war ein Hansdampf in allen Gassen. Er spielte in einer Band Saxophon und trug sein Leben lang schwer an dem Wunsch, berühmt zu werden und in Geld zu schwimmen. Für alle gängigen Sportarten erstand er teure Ausrüstungen, die in der Garage Stauraum einnahmen und bei seiner nächsten Idee in Vergessenheit gerieten. Ständig pumpte er seine Mutter für dieses und jenes an und dachte nie an das Zurückzahlen. Douglas war das Gegenteil. In seinen Adern rann das Blut der Vorfahren. Großmutter Mead stammte von Schotten ab, die ein Karomuster ihr Eigen nannten. Pop Greenbank kam von Yorkshire und hätte niemals einen halben Penny in die Kirchenkollekte gegeben, wenn er einen Viertelpenny in der Tasche gehabt hätte.

Um die Familie und die weiteren Verwandten besser kennen zu lernen und auch meinen zukünftigen Mann als Baby zu bewundern, zeigte mir Douglas oder seine Mutter die Fotosammlung in einem Karton. Was sah ich da? Douglas in einer Band mit einem Akkordeon? Ja, er hatte in einem kleinen Orchester mitgespielt. Mir etwas vorspielen? Nein, er sträubte sich, hätte schon lange nicht mehr geübt und überhaupt war er kein guter Spieler. Er gestand, dass er das Musikinstrument bei Konzerten oft nur tonlos hin und her gezogen hatte. Finger, Noten und Tasten in Einklang zu bringen, gelang nur schwer und selten. Nein, er war kein Genie wie Gordon und auch kein Springer, der alle Sportarten ausprobierte.

In Wellington war Douglas von klein auf mit Eltern und Onkel auf Tennisplätzen herumgezogen. Tennis lag ihm quasi im Blut. In Christchurch fand er nach seiner Rückkehr ohne Partner keinen rechten Anschluss in einem Club. Stattdessen spielte er in den Sommermonaten Kricket. Auch Rebecca und Peter hatten auf dem unteren Rasen oft Kricket gespielt. Ich hatte keinen Sinn in diesem Spiel gesehen. Nun nahm mich Douglas mit auf den Kricketplatz. Dort traf ich einige Bekannte vom Ball. Susan, die nette Sekretärin des Schulreferenten, machte mich mit den anderen Frauen bekannt. Der Frau des Kapitäns, die später kam, wurde ich nicht vorgestellt.

Das Spiel begann. Es zog die Frauen in den Bann. Sie spornten die Spieler an. Wozu? Ich verstand nicht, warum Douglas so gelangweilt auf dem

Platz sein Gewicht von einem Bein auf das andere verlagerte. Da sauste er plötzlich los, rannte nach dem Ball und fing ihn auf. Die Frau des Kapitäns lobte.

"Das war ein guter Fang. Wer hat ihn gemacht?"

"Doug Mead", sagten einige.

"Was Doug Mead? Ich wusste gar nicht, dass der rennen kann."

Susan blickte in meine Richtung und wurde für mich verlegen. Damit der Frau des Kapitäns kein weiterer Fauxpas passieren konnte, stellte sie mich vor, Der Dame machte das nichts weiter aus. Sie hatte richtig beobachtet und den Zufallstreffer laut kommentiert. Im späteren Leben dachte ich oft an ihren Ausspruch.

Weil sie merkte, dass mich dieses Spiel weniger fesselte als mein Strickzeug, erklärte sie mir die Regeln. Ich gab mir Mühe, kapierte sie nicht und verstand in den Folgejahren nie die Kricketbegeisterung der Menschen im British Commonwealth.

Cathrin hatte den Arbeitsplatz gewechselt. Ihr gefiel es nicht im Krankenhaus. Ihre freien Tage verlebte sie mit ihrer Schwester, die ein Baby erwartete. Die Abendstunden in unserem Zimmer voller Tränen und Trauer belasteten mich. Wegen unserer Reise hatte sie die Stelle angenommen. Ich trug die Schuld an ihrem Unglück. Sie leistete Schwerstarbeit für die hohe Entlohnung. Die völlig hilflosen Patienten mussten versorgt werden, auch wenn sie von ihrer Existenz nichts mitkriegten, mit ihren Exkrementen spielten oder sie in den Mund stopften. In mir tobte ein Kampf. Ich war Schuld an ihrem Elend und konnte mich nicht entscheiden. Reisen oder bleiben? Ich stornierte zunächst meinen mehrmonatigen Ausflug nach Australien und enttäuschte Alfred.

Bei jedem Stadtbummel steuerte Douglas gezielt Juwelierläden an. Ich sollte mir einen Verlobungsring aussuchen. Was ich sah, gefiel mir nicht und war viel zu teuer. Jan Abolins fertigte einen Ring nach meinem Entwurf. Schlicht und einfach saß der halbkarätige Brillant im Viereck eines Goldreifs. Vom Design her entsprach er eher einem Herrenring. Diese einfache, plumpe Fassung traf meinen Geschmack, auch wenn sie dem Edelstein etwas von der Größe und seinem Feuer stahl.

Eine Woche vor unserer Verlobung im April fuhren wir zu Maria und Jan, um sie über meine geänderten Pläne zu informieren. Sie sollten von unserer Verlobung persönlich und nicht durch die Anzeige in der Zeitung erfahren. Mit dieser Neuigkeit trat ich beiden den Boden unter den Füßen weg. Dann nahm sich Jan Rechte heraus, wie sie meinem Vater zugestanden hätten. Ich war empört über das Verhör, funkte dazwischen und setzte diesem Verhalten mit meinem spontan gefassten Entschluss die Krone auf.

"Ich reise nicht nach Deutschland. Ich werde die Passage stornieren, denn das Geld brauchen wir für die Einrichtung unseres Hauses. Wir heiraten noch in diesem Jahr."

Das passte ihnen nicht, überhaupt nicht. Sie hatten schon anklingen lassen und fest damit gerechnet, dass ich wieder einer Kiste von seinen Eltern kostenlos ins Land bringen könnte. Und Douglas? Er wusste nicht, wie ihm geschah, schnippte vor Verlegenheit an seiner rechten Ohrmuschel.

"Ja, Douglas studiert, er braucht Ruhe für sein Studium. Die hat er nicht im Hause seiner Eltern, und außerdem verplempert er zu viel Zeit, um mich zu besuchen oder auszuführen."

Jan schwieg. Sie wohnten noch immer in den zwei Zimmern mit großer Küche, von der die Hälfte als Lagerraum diente. Sie besaßen nicht einmal ein richtiges Bettgestell.

Old Jim und unserem Vermieter erzählte ich meine Entscheidung. Beide freuten sich. Bei Stan Cassidy überwog die Freude alle Berechnungen. Ich hatte Mr. Right getroffen, würde vorerst bei ihm wohnen bleiben - und das für die halbe Miete. Ja, er freute sich so sehr, dass er mir meinen deutschen Fruchtentsafter, den ich ihm mit hundertprozentigem Gewinn verkauft hatte, zurückgeben wollte.

Ungewöhnlich schwer fand ich es, Cathrin vor vollendete Tatsachen zu stellen. Noch heute höre ich ihr Schluchzen und sehe ihren Blick aus verquollenen Augen: vorwurfsvoll und enttäuscht. Sie stornierte die Reise ebenfalls, kaufte sich ein Auto und verdankte der Anhänglichkeit ihrer mongoloiden Patienten ein gewisses Maß an Freude bei der Arbeit. Wie in meinem Leben traten auch in das ihre neue Bekannte und Freunde.

Der Montag, der der kurzen Verlobungsanzeige in der Tagespresse folgte, bedeutete für mich im Büro und in der Fabrik Spießrutenlaufen. Viele gratulierten mir und wollten den Ring sehen. Maryline, die Douglas sehr gemocht und sich ständig mit ihm geneckt hatte, blickte auf meine Hand und sagte: "Na, da hat sich Scrooge aber gewaltig angestrengt. Der Ring muss ein Vermögen gekostet haben!" Ich verriet nicht, dass der lupenreine Stein keine zweihundert Mark gekostet und die Familie Abolins uns das Gold zu unserer Verlobung geschenkt hatte. Auch sie freuten sich, dass ich ihnen als Freundin erhalten blieb.

Es gab auch Kolleginnen, die nicht gratulieren, den Ring nicht anschauten, mir böse Blicke zuwarfen und sich empörten: "Du verdammte Deutsche kommst hierher und schnappst uns den besten Mann weg." Und das, obwohl Douglas nur einen alten Austin ohne Heizung besaß, der oft auf der Straße stecken blieb und noch von Hand angekurbelt werden musste. Ja, ja, ich hatte mir da wohl einen tollen Hecht geangelt.

Das Gefühl vermittelten mir auch die Partnerinnen der Kricketspieler. Zum Abschluss der Saison gab der Mannschaftskapitän in seinem Haus eine Party. Ich erlebte meine erste feuchtfröhliche Feier mit und bei Neuseeländern. Die Herren hielten sich hinter der verschlossenen Tür im Wohnzimmer auf. Dem Gelächter nach amüsierten sie sich köstlich. Auch im Esszimmer ging es bei den Damen lebhaft zu. Sie versuchten, einander zu übertönen. Einige gratulierten mir zur Verlobung und dann erregte mein ungewöhnlicher Ring die allgemeine Aufmerksamkeit. Unsere Verlobung und der Ring waren an diesem Abend die einzigen Themen, die sich von den üblichen über Krankheiten der Kinder und Eltern sowie Koch- oder Backrezepten unterschieden.

Irgendwann spitzte einer der Kricketspieler durch die Tür und fragte nach dem Supper. Es war alles vorbereitet. Der gedeckte Tisch bot eine reiche Auswahl an Kuchen und Herzhaftem. Dass jeder der Herren zweieinhalb Liter Bier mitgebracht und sie im Wohnzimmer entsprechend schnell die Gläser geleert hatten, erfuhr ich erst später.

Für das Supper mischten sich die angeheiterten Männer unter die Frauen. Mit vollen Mündern spuckten sie obszöne Witze aus. Über Witze, die unter die Gürtellinie gehen, kann ich lachen, aber was in dem puritanisch angehauchten Land zum Lachen reizen sollte, ließ meine Gesichtsmuskeln gefrieren. Das fiel einem sehr attraktiven Mann auf, der mir erst zulächelte und sich dann neben mich setzte. Das fand ich sehr aufmerksam, denn ich fühlte mich inmitten dieser fremden Menschen verloren.

Mittlerweile konnte ich die Dialekte zwischen Einheimischen und Engländern gut unterscheiden. Und ich hatte Recht. Den Architekten aus London hatte es vor kurzem nach Neuseeland verschlagen. Er kannte Deutschland. Wir unterhielten uns angeregt. Douglas lachte zu den Witzen seiner Spielgefährten und beobachtete uns mit Argusaugen. Konnte oder wollte er mir keine Gesellschaft leisten? Warum ließ er mich unter den Fremden allein?

Der Architekt war nicht nur ein angenehmer Gesprächspartner, sondern auch ein Kavalier. Des Lobes voll über die Sahne-Baiser-Torte, schlängelte er sich geschickt durch das vor Lachen tobende Weiblein-Männlein-Gewühl und holte mir das letzte Stückchen dieser Leckerei. Sie zerging auf der Zunge wie auch das Lob des Engländers über mein erstaunlich gutes Englisch.

Warum sind wir uns noch nicht auf dem Sportplatz begegnet? Er spielte kein Kricket, konnte das Spiel nicht leiden. Wieder eine Gemeinsamkeit. Aber was dann kam, empfand ich als eine verbale Ohrfeige.

Der Kapitän des Kricket-Clubs hatte ihn als Entertainer für ein Honorar eingeladen. Weil ich über die schmutzigen Witze der Männer nicht gelacht hatte, meinte er, ich würde kein Englisch verstehen. Quasi als Nachhilfe bot er sich als Übersetzer dieser Schweinereien an, wollte sie mir im Flüsterton persönlich nahe bringen. Bah! Ohrstöpsel wären mir in diesem Moment recht gewesen. Ich konnte es nicht fassen, war regelrecht sprachlos. Hatte ich mich vor Minuten noch geschmeichelt gefühlt, so stürzte meine gute Meinung über diesen Schönling in den Müll. Während er noch herzhaft über seine Sprüche lachte, gefroren meine Gesichtsmuskeln erneut. Ich schluckte, fasste mich und sagte in etwa:

"Wissen Sie, die Unterhaltung mit Ihnen, der anregende Austausch über unsere Heimatländer und die Vergleiche mit unserer Wahlheimat waren sehr unterhaltsam. Ihre ausschweifenden sexuellen Fantasien mag ich nicht. Darüber kann ich nicht lachen. Sie gehören in die Schlafzimmer der hier versammelten Ehepaare. Wenn diese Leute von Ihnen zu ausgefallenen Praktiken angeregt werden müssen, kann ich das nur bedauern. Entschuldigen Sie, wenn ich nicht gelacht habe, nicht lachen konnte."

Ich ekelte mich und Douglas schäumte vor Eifersucht. Er hörte noch die letzten Worte, die den sehr attraktiven Mann blitzschnell von meiner Seite scheuchten.

Meinen Wunsch, diese Party zu verlassen, erfüllte Douglas nur zu gern. Er spielte nie wieder Kricket und ersparte mir den weiteren Besuch ähnlicher Feiern. Das lag jedoch nicht an meiner Prüderie, sondern an seiner knapp bemessenen Zeit. Das Studium ging vor.

Ich brauchte Jahre, um meinen Gästen einen Pavlova vorzusetzen. Diese zarte Kreation aus gebackenem Eiweißschaum mit einer Krönung aus Sahne und frischen Beeren wurde zu Ehren der berühmten Tänzerin einst in Australien kreiert. So daunenleicht, wie die Primaballerina über die Bühnen dieser Welt schwebte, so leicht ist auch diese Speise. Sie passte nicht zu dieser verbal ausufernden Abschlussfete der Kricketmannschaft, wohl aber die Bierflut nach der öffentlichen Schließung der Pubs um 18.00 Uhr.

Pavlova Cake (Weicher Kern)

3 Eiweiß, 1 ½ kleine Tassen Zucker, 3 EL kaltes Wasser,
3 TL Mondamin, 1 Prise Salz, 1 Vanillezucker, 1 TL Essig

Eiweiß in einer Glas- oder Metallschüssel zu steifem Schnee schlagen,
kaltes Wasser zu geben und weiter schlagen.
Langsam den Zucker und Vanillezucker zugeben und weiter schlagen.
Mondamin, Salz und Essig untermengen.
Die geschlagene Masse auf ein mit Backpapier belegtes Blech geben oder
in eine Springform füllen.
Bei 175 Grad etwa 1 Stunde (keine Umluft)
auf der zweiten Schiene von unten backen oder bis fertig.
Papier sofort entfernen.
Nach dem Erkalten die Unterseite mit geschlagener Sahne füllen und
mit frischem Obst dekorieren.
(Erdbeeren, Kiwis, Himbeeren, Ananas, Bananen usw.)

Madeirakuchen und Melting Moments

Der goldene Herbst verzauberte die Welt. Tagsüber war es warm, doch die nächtlichen Temperaturen gemahnten an den nahenden Winter, meinen dritten im Lande. Keine prasselnden Kaminfeuer, keine Gesellschaft, einsame Stunden. Ich zahlte nur die Hälfte Miete und wagte nicht, den elektrischen Heizer mehr als nötig einzuschalten. Meist zog ich nach der Dusche meinen kuscheligen Bademantel an, schlüpfte ins Bett und strickte. Für den teuren Ring an meinem Finger wollte ich mich erkenntlich zeigen und meinem Verlobten Pullover von dünnster Wolle in allen Modefarben stricken. An einem solchen Abend klopfte Douglas am Fenster und binnen Minuten an meine Tür. Seine Mutter schickte ihn. Nach unserem Besuch bei Maria und Jan hatte er ihr das Datum für die Hochzeit genannt. Ich hatte keine Ahnung, dass ich unbewusst richtig gehandelt und als Braut das Datum für die Heirat festgesetzt hatte.

Der Geburtstag meiner Mutter fiel auf einen Freitag. An Freitagen finden keine Trauungen statt. Ich wollte aber an diesem und keinem anderen Tag heiraten. Und da erinnerte ich mich wie an meinem ersten Weihnachtsfest in diesem Land an die Zeitverschiebung. Elf Uhr am 16. September in Neuseeland war eine Stunde vor Mitternacht in Deutschland. Ich atmete erlöst auf. Zu früh! Die nächste Frage meiner künftigen Schwiegermutter traf mich völlig unvermittelt. Mit wie vielen Gästen müsste sie von meiner Seite für die Feier rechnen?

Hochzeitsfeier? Wie bitte? Was soll denn das? Ich will keine Hochzeitsfeier, ich wollte nie eine Hochzeitsfeier, weshalb ich bis auf die Hochzeit einer Kollegin auf keiner Hochzeit getanzt hatte, nicht einmal auf Trudys. Ich wollte immer im Kostüm vom Standesamt aus für den göttlichen Segen in die Kirche gehen und sofort die Hochzeitsreise antreten. Eine Traumreise statt einer Feier. Ja, das war meine Vorstellung von einer Heirat, die nur meinen Bräutigam und mich etwas anging. Meinem Prinzip untreu werden, nie und nimmer!

Douglas begann zu säuseln oder war es der Teufel, der auf mich unermüdlich einredete? Seine Mutter hatte sich sehnlichst eine Tochter gewünscht, um für sie eine Hochzeit auszustatten. Ihr Pech! Meine Mutter konnte mir keine Feier ausstatten, sie war nicht da. Ihr hätte ich jede Feier erfolgreich ausgeredet. Aber warum denn auf eine Feier verzichten? Warum seiner Mutter die Freude nehmen? Ich sollte doch einmal an die vielen Geschenke denken! Geschenke? Ich brauchte keine Gegenstände, die nicht nach meinem Geschmack sind. Warum verstand ich nicht, dass seine Mutter mit der blinden und pflegebedürftigen Mutter kaum noch aus dem Haus kam. Schon lange hatte sie Dad bei Feiern im Club nicht begleiten können. O, ich kann gern für sie die Großmutter betreuen. Unsere Hochzeit würde für sie endlich eine Abwechslung, eine sinnvolle Aufgabe bedeuten. Wie ihre Freundin, Gladys O´Connor, vor kurzem die Hochzeit ihrer ältesten Tochter arrangiert hatte, wollte sie den schönsten Tag in unserem Leben zu einem unvergesslichen Ereignis machen. Sie bedauerte so sehr, dass das beste Restaurant für diesen Tag bereits ausgebucht war. Aber das zweitbeste hatte sie schon einmal fest gebucht und eine Gästeliste geschrieben. Mit wie vielen Gästen müsste sie von meiner Seite rechnen? Sie kommt bereits auf 94 Personen.

Wie bitte? Ich schnappte erneut nach Luft. 94 Gäste? So groß ist eure Familie doch gar nicht. Wen will sie denn alles einladen? Neben den engen und weitläufigen Verwandten nannte er Freunde und Bekannte seiner Eltern, meistenteils aus dem Club seines Vaters. Was sollen diese fremden Leute auf unserer Hochzeit? Ich kenne sie nicht. Sie haben auf unserer Hochzeit nichts zu suchen. Eine solche Einmischung in mein Leben wollte ich nicht hinnehmen. Seine Mutter griff nach meinem kleinen Finger. Wollte sie später die ganze Hand? Ich ärgerte mich unsäglich. Unsere Diskussion eskalierte. Wir stritten. Er vertrat nur den Standpunkt seiner Mutter, nahm keine Rücksicht auf meine Wünsche oder Gefühle. Irgendwann zog ich den Verlobungsring vom Finger und wollte ihn zurückgeben. Marilyn würde Mann, Ring und Hochzeitsfeier sicher mit Handkuss nehmen.

Ich war wütend, er flennte und tat mir leid. Ich wollte niemanden verletzen, weder ihn noch seine Mutter. Sie meinte es ja nur gut mit mir. Als Fremde hatte ich keine Ahnung von den Gepflogenheiten im Lande. Wenn ich hier meine Wurzeln eingraben wollte, musste ich mich anpassen - und ich lernte, aber nicht in jeder Hinsicht.

Die Gästeliste wurde um acht Personen erweitert: Vier Paare aus unserem gemeinsamen Bekanntenkreis. Ich wollte diese Hochzeit nicht und deshalb gab ich für meine Freunde zum späteren Zeitpunkt in unserem Haus eine Feier, und das war eine sinnvolle Lösung, wie so manch verletzendes Wort meines krankhaft eifersüchtigen Mannes später zeigte. Auch meine Schwiegermutter und vor allem Annes Mutter hielten mir mehrmals die Ausgaben für die unerwünschte Hochzeitsfeier vor.

Ich hatte überhaupt keine Ahnung, wie es auf einer Hochzeit in Neuseeland zuging und was alles in den nächsten sechs Monaten für eine Arbeitslawine auf uns zurollte. Bei meinem nächsten Besuch im Hause Mead drückte mir Douglas´ Mutter zwei australische Kataloge mit Hochzeitskleidern in die Hand. Verführerische Träume in Weiß und Preise, die mich schnell auf den Boden der Tatsachen zurückholten. Ich hatte seit Jahren meine eigenen Kleider und Kostüme genäht und scheute nicht vor dem Hochzeitskleid und den Kleidern für die Brautjungfern zurück, zumal mir eine gelernte Schneiderin ihre Hilfe angeboten hatte. Meine Schwiegermutter und ich kauften Stoff. Ich wollte cremefarbenen Taft, kein kaltes Weiß. Ob mir mein Gewissen Weiß verbieten würde? Ich hörte die Nachtigall trapsen, kaufte weißen Taft und Spachtelspitze für Halsausschnitt und als Besatz für die verlängerte Taille, die ein Schößchen vortäuschte. Für die Brautjungfern wählten wir dünn gewebten Stoff in Gold, der mir unter den Fingern weg franste. Dazu kaufte ich ihnen moderne, hochhackige Schuhe in Goldton. Bis zur Hochzeit konnten sie das elegante Schreiten üben. Schuhe und Kleider von meinem sauer verdienten Geld landeten nach der Hochzeit im Müll.

Die nächste Frage: Welche Kirche? Das war mir egal. Die Brüdergemeinde hatte meinen Glauben zerstört, ehe ich in der evangelisch-lutherischen Kirche Fuß fassen konnte. So entschieden wir uns für die Kirche meines zukünftigen Mannes. Pfarrer Henry war Schotte und hatte in deutscher Gefangenschaft fließend Deutsch gelernt. Mit viel Humor wies er mich als unbedarfte Deutsche in das neuseeländische Trauungszeremoniell ein. Braut und Bräutigam gingen nicht gemeinsam zum Altar. Nein, der Bräutigam mit seinem "besten Mann" und seinem Brautführer warteten vor dem Altar auf das Eintreffen der Braut. Sie schritt am Arm ihres Vaters im Gefolge ihrer Brautjungfern durch die mit Gästen gefüllte Kirche. Mit erhobenem Zeigefinger gemahnte er mich, unbedingt verspätet einzutreffen. Erst auf die Beantwortung der Frage: "Who giveth the bride away?" und dem deutlichen "I do!" vom Brautvater durfte ich mit den Brautjungfern zu den wartenden Männern vor den Altar treten.

Gordon war der "beste Mann", Cousin Phil der "zweitbeste Mann", mit anderen Worten: die Trauzeugen. Ich wählte als erste Brautjungfer Cathrin und als zweite Anne, die als solche auf viel Erfahrung bei Verwandten und Freunden zurückblicken konnte.

Dass meine Schwiegermutter gern die einzige Tochter ihres Bruders als Brautjungfer gesehen hätte, konnte ich nicht ahnen. Warum hatte sie es mir nicht rechtzeitig gesagt. Mein zweiter Fauxpas, denn Anne konnte Phil nicht ausstehen und eifersüchtelte. Meine hübsche Freundin Cathrin die Partnerin ihres Gordon?! Nicht auszudenken, wenn er von der hübschen Blondine Feuer fangen könnte. Unnötiges Bangen. Gordon war nicht katholisch!

Die Wohnungsfrage rangierte für mich vor dem ganzen Drumherum um diese unerwünschte Hochzeitsfeier an erster Stelle. Für den Bau eines eigenen Hauses nach meinem Plan reichte die Zeit nicht. Ein altes Haus wollte ich nicht und ein Holzhaus lehnte Douglas wegen der ständigen Pflege ab. Finanzierbar sollte es außerdem sein.

Pop las täglich zwei Tageszeitungen. Ab sofort studierte er akribisch die Angebote der Makler, schnitt sie säuberlich aus und klebte sie auf ein Blatt Papier. An jedem Wochenende sauten wir im Wintermatsch auf Baustellen unsere Schuhe ein, kehrten durchgefroren und enttäuscht ins warme Wohnzimmer der Schwiegereltern zurück. Was wir sahen, gefiel uns nicht. Woche für Woche dasselbe Spiel und die Zeit rannte davon. Dann fand Pop das Richtige.

Etwa zwei Meilen vom Stadtteil Papanui entfernt, besichtigten wir in dem neu erschlossenen Stadtteil Bryndwr ein Haus, das bis auf einige Details und Sonderwünsche fertig war. Die Lage konnte nicht besser sein. Einkaufszentrum, Arztpraxis, Kindergarten, Schule und Anschluss an den öffentlichen Nahverkehr in allernächster Nähe, ruhige Lage, kein Durchgangsverkehr in einer hufeisenförmigen Straße. Der Bauherr versprach nach Anzahlung und notarieller Beurkundung fristgerechte Schlüsselübergabe. Wir atmeten erleichtert auf. Alles ging auf wie bei einer Patience. Zurücklehnen und entspannen?

Nein, die Details für die Fertigstellung zerrten an den Nerven. Der Hauspreis beinhaltete nur die billigste Ausstattung. Meine Ersparnisse waren für Teppichböden und Möbel gedacht, weshalb ich auf vieles, was mir gefallen hätte, verzichtete, denn ich konnte den Spruch "Money does not grow on trees" bald nicht mehr hören.

Dem anderen Spruch, dass Bräute vor der Hochzeit abnehmen, konnte ich beipflichten. In den Wochen vor unserer Hochzeit kam ich vor vielen unangenehmen Überraschungen kaum zur Besinnung. Die Arbeiten am Haus ruhten wochenlang, der Kanalanschluss konnte nicht hergestellt werden. Möbel in den Geschäften gefielen mir nicht. Mit meinen Wünschen und Zeichnungen suchte ich Schreinereien und Polsterer auf. Jeden Freitag nach Feierabend waren wir bis zum Ladenschluss um neun Uhr unterwegs. Schließlich die Auswahl der Tapeten. Der Bauherr empfahl mehrere Vertragsläden. Das Angebot in den ersten beiden Läden war erfolglos. Von allen Mustern, die uns gefielen, gab es nur noch Reste. "Warten Sie auf die nächsten Schiffsladungen von Übersee." "Wann treffen sie ein?" Schulterzucken. Sie waren Verkäufer, keine Propheten.

Zermürbt und zähneknirschend blätterten wir im dritten Laden durch Kataloge. Dasselbe Lied. Plötzlich kam mir eine Idee. Douglas, dem das alles mittlerweile ziemlich egal war, nickte zu meinem Vorschlag. Ich wählte für das Wohnzimmer drei Tapeten, die zu meinen Polstermöbeln in vier Unifarben passten. Nur so gelang es dem Bauherrn, das Haus fristgerecht und ohne Konventionalstrafe zahlen zu müssen, termingerecht fertig zu stellen.

Privatvergnügen wie Schlittschuhlaufen oder Kinobesuche gab es in diesen Monaten nicht. Auf einem Betriebsausflug des Schulamtes zum Lake Lyndon kurz nach unserer Verlobung schaute ich den Schlittschuhläufern zu und fror. Das sollte mir kein zweites Mal passieren. Weil ich nicht gern Stiefel im Stadion auslieh, schätzte ich mich glücklich, als ich durch Beziehungen weiße Stiefel mit Kufen erstand.

Wir fanden keine Gelegenheit, sie im Stadion oder auf den gefrorenen Seen einzuweihen. Sie reisten in jungfräulichem Zustand Jahre später in ihr Herkunftsland zurück und stehen noch heute gut verpackt auf dem Dachboden.

Die endlos scheinenden Vorbereitungen für die Zweisamkeit wurden von einer einzigen Veranstaltung unterbrochen. Wir erhielten eine Einladung zu einer großen Feier. Ich weiß nicht mehr, wer uns einlud, wo die Feier für welchen Anlass stattfand. Mir sind nur meine Pleiten im Gedächtnis haften geblieben.

"Du musst einen Teller mitbringen", sagte Douglas.

"Einen Teller? Haben die Leute nicht genug Geschirr?"

"Nein, einen Teller mit etwas drauf zum Supper. Lass dir etwas Gutes einfallen und blamiere mich nicht. Gordon und Anne gehen auch mit."

Na fein, denen werde ich es zeigen. Ich kaufte die Zutaten für einen Kuchen, der bei Dawsons und ihren Gästen immer gut angekommen war. Lag es am Backofen, lag es an mir? Ich weiß es nicht, der Madeirakuchen sah nach der vorgegebenen Backzeit fertig aus - und war es nicht. Mein Vermieter freute sich über den Kuchen mit eingesunkener Mitte. Er freute sich auch über den Bananenkuchen, der mir noch nie misslungen war. Ich hatte nicht mehr viel Zeit bis zur Party und zauberte auf die Schnelle Melting Moments auf meinen Teller.

Douglas war sehr enttäuscht und fragte Anne: "Was hast du auf deinem Teller?"

"Teller? Wieso Teller? Nichts."

Unsere Schwiegermutter in spe öffnete eine Packung kleine Negerküsse mit einer Walnuss als Verzierung und packte sie für Anne auf einen Teller. Ich war etwas rehabilitiert. Immerhin stammten meine Plätzchen aus der eigenen Küche und nicht aus einer gekauften Packung.

Madeirakuchen

100 g Butter, 100 g Zucker, 2 Eier, ½ TL Zitronenaroma,
150 g Mehl, 2 TL Cream of Tartar (Weinsteinbackpulver),
1 TL Backnatron, 1 TL kochendes Wasser, 1/4 Tasse lauwarme Milch,
1 Prise Salz, 1 unbehandelte Zitrone

Butter und Zucker schaumig rühren,
Eier und Zitronenaroma dazugeben und rühren,
Mehl mit Cream of Tartar hineinsieben,
zuletzt das Backnatron mit dem kochenden Wasser aufschäumen,
die lauwarme Milch zugeben und unter den Teig rühren.
Die in Streifen geschnittene Zitronenschale auf dem Teig verteilen.
Backzeit zwischen 35 - 40 Minuten

***

Melting Moments

Für den Teig:
200 g Butter, 50 g Puderzucker, 100 g Mehl, 100 g Kartoffelmehl

Für die Füllung:
1 TL Puderzucker, 1 Vanillezucker, 2 TL Butter

Butter und Zucker schaumig rühren,
Mehl und Kartoffelmehl in die Masse sieben
und gut verrühren.
Mit zwei Teelöffeln gut walnussgroße Häufchen
auf ein mit Backpapier belegtes Blech setzen oder mit einem Spritzbeutel
gleichgroße Tupfen spritzen.
Nach dem Erkalten mit einer Füllung aus den obigen Zutaten bestreichen
und jeweils zwei Plätzchen zusammensetzen.

In Deutschland fülle ich diese Plätzchen mit Nougat.

Gefülltes Schaumomelett

Zwei Wochen vor unser Hochzeit sortierte ich meinen Besitz. Ich packte meine Habe in Kartons und Koffer. Nach der Schlüsselübergabe am Freitag wollte Gordon alles - bis auf meine Nähmaschine - in unser Haus fahren.

Eine Schachtel! Ich hob den Deckel und starrte auf das, was ich immer sehnsüchtig erwartet, was mir so viel bedeutet hatte. Die Briefe von Heiner, ein Stück Vergangenheit. Es musste aus meinem Leben verschwinden, für immer und ewig. Ein neuer Lebensabschnitt begann. Zurückblicken wollte ich nicht mehr. Die alten Glücksmomente gehörten aus dem Gedächtnis verbannt, um Raum für neue zu schaffen.

Entschlossen schob ich die Nähmaschine vor dem Kamin zur Seite. Dicker Staub bedeckte den Rost. Den wollte ich mit der Asche wegputzen. Das Streichholz flammte auf. Gierig züngelte die Flamme am ersten Brief. Nein, es war der letzte, den ich erhalten hatte. Schnell den nächsten, nicht lesen, nicht quälen. Worte leuchteten mir aus dem Feuer entgegen. Liebesgeflüster, das meine Tränen löschen sollten. Glücklich wollte ich sein und war es nicht. Hatte ich mich richtig entschieden? Passte ich in die Familie, in die Welt der Kiwis? Douglas fehlte jeder Sinn für Romantik. Sein Humor, seine Sprüche, die mir so gut gefielen, die mich zum Lachen brachten, waren inzwischen Spreu. Aber er liebte mich. Das behauptete sogar meine Mutter, die ihn nur von Fotos her kannte. Als Beamter und mit einem eigenen Haus konnte er mir ein angenehmes Leben bieten, was wollte ich mehr? Ja, was wollte ich mehr!

Wie harmlos nahmen sich meine unbedeutenden Eifersuchtsszenen aus, mit denen ich Heiner berechtigt geplagt hatte. Douglas war kein Frauenheld, würde mich nie und nimmer betrügen. Aber er schlug unverhofft und unüberlegt mit gut geschärfter Klinge zu, benetzte die Wunden mit einem Tränenschleier und erhoffte Heilung. In unserem fast fertigen Haus waren noch die Tapezierer zu Gange. Wird der Anblick der Wandzierde jemals den Zeitaufwand und die Mühen der aufwändigen Auswahl sowie eine hässliche Szene vergessen lassen?

Froh und glücklich über die Lösung, das Wohn- und Esszimmer mit drei verschiedenen Tapeten behängen zu lassen, stelzte ich auf dem unebenen

Gehsteig in meinen Stöckelschuhen um neun Uhr abends neben Douglas her. Ein Schreibwarenladen! Ich brauchte Briefumschläge. Auf dem Tresen lagen Lose der Kiwi-Lotterie für die Ziehung am Sonntag. Aus purer Freude kaufte ich ein Los und ahnte nicht, dass es mein erstes und letztes sein sollte.

Keine fünf Meter vom Laden entfernt, brach Douglas einen Streit vom Zaun, hielt mir Egoismus vor. Ich hatte nur meinen Namen auf das Los gesetzt. Ja und? Er sah mich als Hauptgewinnerin und sich selbst als das bettelarme Anhängsel einer steinreichen Frau. Mein Gegenargument, dass ich das Geld für das Los aus purer Freude ausgegeben habe und hätte sparen können, ging partout nicht in seinen Kopf. Was wird mir als alleinige Hauptgewinnerin der Staat an Steuern abnehmen? Ich habe noch nie etwas gewonnen. Warum also diesmal? Gerade diejenigen haben das meiste Glück. Du wirst schon sehen, und, und, und.

Ich ging zurück, wollte das Los ändern. Zu spät. Der Laden war zu. Ich war hundemüde vom Arbeitstag und dem vierstündigen Herumsitzen und Wälzen von Tapetenkatalogen und dem ständigen "I am so sorry but we ...". Das Gezeter meines Verlobten um ungelegte Eier ging mir zu weit. Ich drehte mich um, ließ ihn auf der Straße stehen und fuhr mit dem Bus nach Hause, wo er natürlich unter Tränen auf mich gewartet hatte. Nicht einmal ein kleiner Trostpreis entschädigte mich für diese unnötige Hysterie.

Den letzten Brief aus dem Karton hatten die Flammen gefressen. Ich trocknete meine Tränen. *Douglas meint es ja nicht so. Er hat ein gutes Herz, ist mit den Vorbereitungen noch mehr genervt wie ich, weil er kaum Zeit für das Studium findet. Das wird anders, sobald wir verheiratet sind und er die nötige Ruhe findet,* redete ich mir Mut zu. Ich schnäuzte mir noch einmal kräftig die Nase und widmete mich meiner anderen Arbeit.

Am nächsten Tag zog ich in das Haus meiner Schwiegereltern, in das Zimmer der Großmutter, deren Gesundheit seit Wochen Sorgen bereitete. Douglas fand als einziger Zugang zu ihr. Deshalb konnten wir unmöglich unsere Flitterwochen auf Norfolk Island verleben. Das Geld für die Reise verwendeten wir zum Bau einer Garage auf die Schnelle.

Ab Montag hatte ich eine Woche unbezahlten Urlaub. Es gab vor dem Einzug noch viel zu Tun. Ich kannte die Familie, den Stolz meiner Schwiegermutter und sperrte mich nicht gegen eine Besichtigung der von der Nordinsel und der Westküste anreisenden Verwandten. Gerade deshalb sollte und musste alles tipptopp sein. Weil am Montag in der Früh der Teppichboden im Wohnzimmer und der Läufer im Korridor verlegt wurden, radelte ich erst mittags zum Haus. Die Handwerker sammelten gerade den Abfall und ihr Werkzeug zusammen und zeigten zufrieden ihre geleistete Arbeit.

Was war denn das? Diesen Teppichboden hatte ich nicht bestellt. Nie und nimmer. Ich war in sämtlichen Läden gewesen, hatte überall nur bunte Blumengärten angeboten bekommen. Dazu passten meine Polstermöbel nicht. Durch Zufall hatte meine Schwiegermutter in einem Kaufhaus, das ich nie frequentierte, Teppichböden aus England entdeckt, genau das, was mir vorschwebte. Teppichböden in neutralen Farben dezent gemustert. Ich hatte einen anthrazitfarbenen Teppich mit verstreuten Klecksen in Weiß, Rot, Dunkel- und Hellblau gewählt. Das Muster stimmte, aber nicht die Farbe. Ein ausgelaugtes Hellgrau gähnte mich an. Scheußlicher ging es nicht. Ich war sprachlos und die armen Männer boten mir an, mich mit in die Stadt zu nehmen, um dem zuständigen Herrn meine Beschwerde vorzutragen. Sie mussten nämlich immer für seinen Bockmist ihre Köpfe hinhalten.

Meine Reklamation, meine Forderung nach einem Umtausch setzte den Verkäufer in Überraschung. In Anthrazit war nicht ausreichend Teppichboden vorhanden gewesen. Es handelte sich schließlich um Importware und die nächste Lieferung ... Ja, ich wusste, die wurde erst - wie bei den Tapeten - in Wochen, wenn nicht gar in Monaten erwartet. Warum man uns nicht benachrichtigt hatte? Das hatte er versucht, aber niemanden erreicht und weil die Zeit drängte, hatte er sich für den anderen entschieden.

Ein banales "Sorry" war alles, was ich erhielt. Kein Penny wurde vom Preis nachgelassen. Es gab nur eine Lösung, sich daran zu gewöhnen. Und dabei kam ich mir wieder einmal vor wie in der DDR.

Ich wohnte vor der Heirat mit Douglas unter einem Dach, und wir durften uns am Hochzeitstag erst in der Kirche sehen. Das sorgte für ständige *Verkehrsprobleme* im Haus, in dem überall Gäste herumwuselten. Nur gut, dass die Trauung bereits für die frühen Morgenstunden angesetzt war, sonst hätte es vielleicht doch eine Unglück verheißende Kollision gegeben.

Ein strahlend schöner Frühlingstag! Der Himmel zeigte sein schönstes Blau, Frühlingsblumen säumten unseren Weg und die Vögel jubilierten. Alles lief wie gewünscht, ein Kollege filmte, Jan fotografierte. Sogar das berühmte, verspätete Eintreffen in der Kirche klappte, weil uns Pfarrer Henry vor der Kirche erwartete und meinem Schwiegervater letzte Anweisungen über dieses und jenes gab. Wozu hatten wir tagelang das richtige Schritttempo geübt? Pfarrer Henry schritt uns würdevoll voran. Nicht unter den üblichen Wagnerklängen, nein, nach dem von mir ausgesuchten Choral "So nimm denn meine Hände ..." bewegten wir uns langsam dem Altar zu. Die Kirche war gesteckt voll! Ich sah nur verschwommene Gesichter und den Rücken des vor mir schreitenden Geistlichen.

Wie eingeübt, stoppten wir auf Höhe der ersten Sitzbankreihe. Erst als die Frage nach dem "Wer gibt die Braut ab?" geklärt und von meinem Schwiegervater deutlich mit "Ich" beantwortet wurde, durften Brautjungfern und ich auf die gleiche Höhe mit meinem zukünftigen Mann und seinen besten Männern vor den Altar treten. Welch ein Zick! Aber es kam noch toller. Die anwesenden Gäste hörten "Im Namen des Vaters, des Sohnes und des Heiligen Geistes". Nach einer kurzen Besinnungspause nahm das Zeremoniell in Englisch seinen Fortgang, was ein erleichtertes Aufatmen durch die Reihen hauchte.

Nach vollzogener Trauung und dem Unterzeichnen der Urkunden in der Sakristei folgte vor der Kirche die Flut von Gratulationen, das Händeschütteln der geladenen und der Zaungäste, das Dankesgestammel sowie das viele Küssen der Braut. Der Fotograf hatte seine Not, vor der Kirche den richtigen Blickwinkel zu erwischen. Er konzentrierte sich auf das Brautpaar, vergaß die anderen Gäste und auch meine Schwiegermutter, die beim Anblick der Bilder lamentierte, dass es kein Foto von ihr mit dem Brautpaar gab. Zum Glück machten unsere Freunde mit Klicken und Surren dem Berufsfotografen Konkurrenz.

Weitere Fotos in den schicken, blumengeschmückten amerikanischen Autos, die wir gemietet hatten, und im Park. Die Sonne meinte es gut, mein weißes Kleid gleißte und blendete. Mir kamen die Tränen. War es wirklich nur die Sonne? Warum beeilte sich der Fotograf nicht? Damit ich nicht weglaufen konnte, hatte er von seiner Assistentin die Schleppe meines Kleides mit langen Nadeln im Rasen pieksen lassen. Endlich war alles überstanden. Der Strom der Gäste folgte uns in das Restaurant zum Stehempfang. Die Hauptakteure nahmen an einer Tafel Platz, die vielen Gäste nicht. Für mich befremdend, für die anderen Gäste nicht, die sich um die gedeckten Tische gruppierten. Reden wurden geschwungen. Nach jedem Gestotter erhoben die Gäste ihre Gläser und sangen "For they are jolly good fellows ...". Anschließend erfolgte das Verlesen der Glückwunschtelegramme und -karten. Nichts von meiner Mutter, nichts von meiner Schwester, meinen Verwandten oder Freunden! Die Karten meiner Freundinnen in Deutsch verstand niemand und gingen niemanden etwas an.

Eine spitzzüngige Freundin meiner Schwiegermutter bemängelte die fehlenden Aufmerksamkeiten von Deutschland rein zufällig oder mit Absicht so laut, dass ich sie schlecht überhören konnte. Das schmerzte! Musste diese Bemerkung sein? Musste diese wahre Freundin am schönsten Tag unseres Lebens in der Wunde meiner Enttäuschung bohren? Ja, es hatte kein Telegramm von meinen nächsten Verwandten gegeben. Ich war sehr enttäuscht. Die Glückwunschkarten meiner vielen Freundinnen hätte ich dieser Frau am liebsten um die Ohren gehauen.

Etwa eine Woche nach unserer Trauung erhielt ich die Erklärung für Mutters Schweigen. Ihren Geburtstag und somit unseren Hochzeitstag hatte sie mit meiner Schwester am Sterbebett ihrer Mutter verbracht, die einen Tag später von ihrem langen Krebsleiden erlöst worden war.

Als die Eiscreme auf den Tellern fast zerflossen war, durften die Gäste nach den mehr gestotterten als geschwungenen Reden endlich essen. Zwei Stunden dürfte der Aufenthalt im Hagley Park einschließlich Fotografieren und Abspeisung gedauert haben. Danach gingen die meisten Gäste ihre Wege. Nur ein verschwindend kleiner Teil folgte zum Hause meiner Schwiegermutter. Die dortige Atmosphäre entsprach eher einer deutschen Hochzeitsfeier und meinem Geschmack. Noch wohler fühlte ich mich, weil wir sogleich unsere Hochzeitskleidung ablegen konnten. Vom reinsten Weiß wechselte ich zu Schwarz, das eine rosa Georgettebluse auflockerte. Tiefstes Schwarz wäre als *Going-away-Outfit* angebracht gewesen, denn schließlich trug ich an dem Tage meine lieb gewonnene Freiheit, meine Unabhängigkeit und meine Selbstständigkeit für alle Zeit zu Grabe. Der Ernst des Lebens begann wieder einmal: die Pflichten einer Ehefrau in einer fremden Kultur erwarteten mich.

Als ich die Überraschung sah, die Douglas´ Cousine und ihre Mutter ausheckten, zog ich mein Kostüm aus, schlüpfte in eine kurze Hose und Bluse, zog Socken und meine Tennisschuhe an. Quer über den alten Austin malten Jill und Tante Reni mit Schuhweiß Sprüche und Glückwünsche. Sie dekorierten das

Auto von vorn bis hinten mit Toilettenpapier und hängten an die Stoßstange ausgelatschte Schuhe und Büchsen, die sie auftreiben konnten. Zum Glück befand sich darunter auch ein größerer Farbkübel, für den wir dankbar waren. Niemand der neugierigen Gäste, die unbedingt die Adresse unseres Hauses wissen wollten, kam auf die Idee, uns am späten Nachmittag zu folgen. Sie verstanden, dass wir vor Reiseantritt in unsere Flitterwochen am *Lake Bryndwr* das Auto waschen mussten.

Nach dem oberflächlichen Autoputz, der mehr einem gleichmäßigen Verteilen der weißen Farbe gleichkam, fuhren wir zu unserem Haus und waren froh um die Garage.

Im Hause meiner Schwiegereltern feierten die Gäste, warteten auf uns und wurden mit dem verköstigt, was von dem Stehempfang übrig geblieben war, sowie mit Brathähnchen und Pasteten, die meine Schwiegermutter zusätzlich en masse gekauft hatte. Wie gut, dass ich eingekauft hatte. An meinem Hochzeitstag stellte ich mich in die Küche, weihte unseren elektrischen Herd ein und kochte unser Abendessen: gefülltes Schaumomelett. Den Salat mischte ich mit einer Vinaigrette, die Douglas zu sauer für seine Zähne empfand. Daran mussten sich seine Zähne gewöhnen, denn die Kondensmilchpampe wollte ich in meinem eigenen Haus nie mehr für einen köstlichen Salat mixen.

Nach dem Essen bestand er darauf, mir den Tee im Wohnzimmer zu servieren. Und dabei zeigte er sein bewundernswertes Geschick. Er taufte meinen neuen hässlichen Teppichboden mit einer Tasse Tee. Das war der erste und letzte Tee, den er mir servierte. Die Weichen für die Arbeitsteilung der Zweisamkeit waren gestellt.

Der Leser kann sich denken, dass wir in keiner stillen Bucht vor Anker gingen. Dunkle Wolken - wie bei meiner Landung - überschatteten oft unser Glück. Das Aufeinanderprallen zweier Kulturen, das Anpassen an die Familie und die Mentalität der Neuseeländer, die alles nicht so eng sehen, waren Hürden, die ich nehmen musste, die mich stärkten. Nach neunjähriger Ehe kam meinem Mann die Idee, für fünf Jahre nach Deutschland zu gehen. Ich war nicht gewillt, in Neuseeland mit Null neu anzufangen. Wir ließen uns scheiden. Er kehrte allein nach Neuseeland zurück, und ich vergaß als alleinerziehende Mutter von zwei Kindern nie die Worte des Kapitäns: die Sonne scheint auch hinter den Wolken.

Gefülltes Schaumomelett

1 TL Butter, 3 Eier, etwas Salz und Pfeffer
2 Scheiben Schinken, 1 Tomate, geriebener Käse.
Es können auch Camembertscheiben sein.

Butter bei mittlerer Hitze in der Pfanne zergehen lassen.
Eier mit Salz und Pfeffer sehr schaumig schlagen,
in die heiße Butter geben und die Pfanne zudecken.
Wenn die Eier anfangen zu stocken,
Schinken, Tomatenscheiben, Käse auf eine Omeletthälfte verteilen,
weiter abgedeckt stocken lassen, bis der Käse geschmolzen ist.
Die ungefüllte Hälfte darüber schlagen und mit Salat servieren.
Als Hauptmahl können auch Kartoffelpüree oder Pommes frites
sowie Salat gereicht werden.

Man kann dies Omelett auch mit Schinken, Spargel, Pilzen oder
gekochtem Hühnerfleisch füllen.
Der Fantasie sind keine Grenzen gesetzt.

Informationen zur Brüdergemeinde

Spreche ich in Deutschland von den Brethren (Brüdern), bringt man sie nicht selten mit den von Graf von Zinzendorf gegründeten "Herrnhutern" in Verbindung. Sie sind über hundert Jahre älter als die aus England importierte "Brüderbewegung", deren Geschichte höchst kompliziert ist.

Die Familie, die ich in diesem Buch Dawson nenne, war Mitglied der "Exclusiven" oder "Closed Brethren" (geschlossene Brüder). Dass es auch die "Open Brethren" (offene Brüder) gab, erwähnten sie nie. Das erfuhr ich 35 Jahre später von der seit den Teenage-Jahren von der Gemeinschaft ausgeschlossenen Tochter. Ich denke, dass die Anhänger Darbys nicht sonderlich stolz auf die Zersplitterung der Versammlung von ihren Uranfängen waren.

In den Irren und Wirren der reformatorischen Zeit in England war es den Menschen nicht gestattet, Lieder, Gebete oder Bibeltexte ohne einen Geistlichen auszulegen, nicht einmal im Familienkreis. So fanden sich unter dem Zahnarzt und späteren Theologen und Missionar Groves aus Dublin ab 1820 außerhalb der Kirche Männer zum Gebet und Brotbrechen zusammen. 1831 gründeten die zusammengefundenen Gläubigen in Plymouth die Brüdergemeinde, die Versammlung. Aus Hauskreisen wohlhabender Akademiker und Lords wurden Versammlungen in biederen Hallen, deren Schwellen auch Arme ohne Hemmungen überschreiten konnten.

John Nelson Darby war ein Geistlicher der Church of Irland (Anglikaner), der nach einer besonderen Auslegung einiger Bibeltexte seine vorherbestimmten Ansichten mit in die Versammlung brachte. Es geht - verkürzt gesagt - darum, dass Gott bereits zur Zeit des Neuen Testaments die verfasste und institutionalisierte Kirche/Gemeinde aufgegeben habe, die Zeit dieser institutionalisierten Gemeinde also vorbei sei. Christen, die wirklich Gott gehorchen, könnten demzufolge keiner Gemeinde mehr angehören, sondern sich nur noch "um den Tisch des Herrn" (Abendmahl) versammeln. Alles Kirchliche wurde eliminiert. Es gab keine Pfarrer oder andere Geistliche mehr, keine Liturgie, sogar die kirchlichen Feiertage wurden ignoriert.

Die von Gott Auserwählten durften keinen Kontakt zu "Gottlosen" pflegen, nicht einmal zu Christen, die sich noch in anderen Gemeinden aufhielten. Freundschaften, Geschäftsbeziehungen oder gemeinsames Essen außerhalb der Brethren waren - zumindest damals - verboten.

Darby trat aus der Kirche aus und begann 1838 seine Missionsarbeit in England und auf dem Kontinent. 1845 kehrte er nach England zurück. Weil in seiner Abwesenheit nicht alles nach seinen Vorstellungen verlaufen war, kam es zu Auseinandersetzungen über die Grundsätze und die Verwaltung mit anderen Lehrern, was zu einer Spaltung der Brüdergemeinde führte. Darby und seine Anhänger wurden wegen ihrer sehr rigiden Linie "Exclusive Brethren" (geschlossene Brüder), die gemäßigtere

Gruppe "Open Brethren" (offene Brüder) genannt. Letztere blieb "offen" für die Gläubigen aller Kreise.

Über fünfzig Jahre war Darby der herausragende Führer in der Bruderbewegung und ständig missionarisch unterwegs. Obwohl von aristokratischer Geburt lag ihm am Wohlergehen der Armen, unter denen er sein Vermögen verteilte. Er führte ein einfaches Leben, war ein von Gott inspirierter Prediger und wahrer Mann Gottes, der nach Britannien, Frankreich, Deutschland, Holland, Italien und der Schweiz die Lehre der Brudergemeinde nach Jamaika, Kanada, Amerika, Australien und Neuseeland trug. Wo immer er war, schrieb er seine tiefen religiösen Gedanken auf. Seine 44 Bücher werden noch heute verlegt. Von ihm komponierte Lieder sind ausdrucksstark und erfreuen sich großer Beliebtheit.

Damit nicht genug. Darby übersetzte die Bibel ins Englische, Französische und Deutsche sowie das Neue Testament ins Italienische. Die "Darby Bibel" ist *die* Bibel der *Exclusiven Brethren* schlechthin.

Ich wusste zwar von Mr. Dawson, dass in der Erweckungsbewegung des 20. Jahrhunderts die Brüderbewegung in Deutschland, vorwiegend im Ruhrgebiet, Fuß fasste, doch hatte keine Ahnung, dass Darby und Carl Brockhaus sich in der Schweiz begegnet waren. Nicht Darby, sondern Carl Brockhaus prägte die Brüderbewegung in Deutschland. Mit Hilfe von anderen Brüdern übersetzten sie die Bibel ins Deutsche. Aufgrund ihrer philologischen Genauigkeit erfreut sich die deutsche Ausgabe, die inzwischen mehrfach revidierte "Elberfelder Bibel", weit über die Kreise der "Brethren" hinaus großer Beliebtheit. Rudolf Brockhaus führte die Arbeit seines Vaters und auch den Verlag für christliche Schriften fort. Heute ist der "R. Brockhaus Verlag" einer der größten evangelischen Verlage in Deutschland.

Nach Darbys Tod (1882) folgten weitere Spaltungen der Exclusiven Brethren. Es ist unmöglich, hier auf den weiteren Verlauf, die unterschiedlichen Doktrinen und die Nachfolger Darbys einzugehen.

Als ich 1959 die Dawsons kennen lernte, unterhielten sie zwecks Missionierung Kontakte zu anderen Christen. Aus meiner Sicht waren die Exclusiven Brethren seit dem Tod ihres letzten Lehrers Jim Taylor sen. gemächlich im Meer der Gläubigen dahin gedümpelt. Das änderte Jim Taylor jun. schlagartig, indem er das steuerlose Ruder 1959 in die Hand nahm. Erst in Amerika, dann in Australien und in Neuseeland brachte er seine Herde auf die Insel "Isolation". Ich bekam 1960 die strikteren Regeln wohl als eine der ersten zu spüren. Als Unreine durfte ich das Haus nicht mehr betreten, mit den Menschen nicht mehr sprechen.

Was mich am meisten störte: Für die Exclusiven Brethren ist Jesus das Haupt der Gemeinde im Himmel. Er hat einen einzigen Mann auf Erden, nämlich J. Taylor jun., mit der weltweiten Führung der "Tayloristen" auf Erden betraut. Was Taylor sagt, hat unter den Brüdern mehr Gewicht als das Wort des Papstes bei den Katholiken. Sein noch strengeres Regiment und seine unzählig vielen Verbote führten zu einer weiteren Spaltung. Die treu ergebenen Anhänger von J. Taylor jun. sind heute die Jims mit nur noch etwa 27.000 Mitgliedern weltweit. So ist durch die Anmaßung einer einzigen Person ein Zweig der Brüdergemeinde zur Sekte mutiert.

Gerhard Jordy hat mir mit seinen Büchern "Die Brüderbewegung in Deutschland" und "150 Jahre Brüderbewegung in Deutschland" die Augen geöffnet. Ich verstehe nun, warum die Dawsons täglich mit der Wiederkehr des Heilands rechneten. Jordy schreibt (2003, S. 14): "... die Napoleonische Ära zu Beginn des 19. Jahrhunderts hatte in den christlichen Kreisen Europas, besonders in Britannien, eine starke Endzeitstimmung und -erwartung hervorgebracht. Napoleon war von seinen Zeitgenossen als Antichrist betrachtet worden und nach seiner Absetzung und seinem Tod (1821) ... als dessen Vorläufer und als ein Hinweis auf die in Bälde zu erwartenden Ereignisse der Endzeit. Fromme Zirkel stellten sich oft die Frage, wie die unerfüllten prophetischen Aussagen der Bibel zu verstehen seien, und auch die Brüderbewegung war von dem Strom dieser Endzeiterwartung erfasst. Überhaupt war das Grundanliegen der 'Brüder', die Einheit der Gemeinde, mit Endzeiterwartung und Evangelisation gut zu verbinden, galt es doch, die Menschen im Blick auf ihre Errettung vor dem kommenden Gericht anzusprechen."

Zum Glück gab es im deutschsprachigen Raum eine gegenüber England völlig selbstständige Bewegung. Die sehr radikale Richtung der "Tayloristen" konnte in Deutschland nie Fuß fassen. Das aber scheinen die Dawsons nicht zu wissen, denn sie gaben mir 1995 Adressen von Mitgliedern in Bonn und Berlin. Ich machte davon nie Gebrauch. Wie diese Menschen, die sich selbst erhöhen, die nichts von Nächstenliebe halten, die ihre eigenen Kinder verstoßen, wollte ich nicht sein. Sie, die mir in der Fremde Halt gegeben hatten, die mich liebten, verletzten mich zutiefst und zerstörten meinen Glauben. Doch ich war nicht blutsverwandt. Was fühlen die Kinder, was die nächsten Verwandten, die aus der Gemeinschaft ausgeschlossen werden?

Wer die Tränen eines fast neunzigjährigen Mannes gesehen hat, der keines seiner vielen Enkel- und Urenkelkinder sehen durfte, der alljährlich auf das Erscheinen des Telefonbuchs wartet, um unter seinem ausgefallenen Familiennamen nach Nachkommen zu suchen, kann vielleicht erahnen, was Jim Taylor jun. unter seinen treu ergebenen Anhängern und ihren Verwandten angerichtet hat und noch anrichtet.

Gern würde ich über die damals existierenden und von Jim Taylor wesentlich erweiterten Verbote mehr sagen. Sie würden Seiten füllen. Ich habe die meisten in meinen unveröffentlichten Roman "Spurenlese" einfließen lassen. Die Protagonistin, ein Waisenkind aus Nürnbergs Trümmern, verliebt sich nach ihrer Landung in Neuseeland in einen Brethren. Ohne lange nachzudenken, heiratet sie den hübschen Mann. Enttäuschung an seiner Seite und die von Jim Taylor jun. mehr und mehr auferlegten neuen Verbote treiben sie in die Isolation, in Depressionen. Der aus der Sekte ausgeschlossene Großvater ihres Mannes verhilft ihr zur Flucht.

1934 in Latdorf Kreis Bernburg (Sachsen-Anhalt) geboren.
1954 Übersiedlung nach Westdeutschland.
1959 Auswanderung nach Neuseeland.
1971 Rückkehr nach Nürnberg.
Bis 1994 Mitarbeiterin am Lehrstuhl für Psychologie der Universität Erlangen-Nürnberg.
Ab 1993 Besuch von Schreibkursen an der VHS Nürnberg.
Bisherige Veröffentlichungen:
Gedichte und Geschichten in Büchern der Schreibwerkstatt Wendelstein (Hrsg. Gudrun Vollmuth), in Anthologien im Rowohlt- und Ursus-Verlag, in der Bibliothek deutschsprachiger Gedichte und in Literaturzeitschriften.
"Im Herzen noch immer Australien", Koeller-Verlag, Schacht-Audorf 1998.
"Murmur for Freedom" (Autobiografie) und drei Geschichten wurden 2001 als Dokumente von der Bibliothek des Museums in Christchurch/ Neuseeland anlässlich des 150jährigen Bestehens von Canterbury angenommen.
"Das Sparmännchen und andere Geschichten", Falb-Verlag, Nürnberg 2001.
"Lyrik für dich, für mich und für andere", Eigenverlag, Nürnberg 2002.
"Die schneeweiße Gans - Märchen und Geschichten", Falb-Verlag, Nürnberg 2003.
"Wenn's draußen schneit und drinnen duftet - Backrezepte und Geschichten für die Weihnachtszeit. Falb-Verlag, Nürnberg 2004.
"Der Flickenteddy", ein Märchen. Stadtbibliothek Nürnberg 2004.
"Im Bann der Blumenfeen und andere Märchen", Falb-Verlag, Nürnberg 2005.
"Der verwunschene Esel und andere Geschichten", Falb-Verlag, Nürnberg 2006.

An einem späten Nachmittag im März 1959 lichtet im Rotterdamer Hafen die MS *Sibajak* die Anker. Die meisten Passagiere an Bord sind Auswanderer aus Holland, Deutschland und Österreich. Dicht gedrängt stehen sie an der Reling, winken in der steifen Brise ihren Verwandten auch dann noch, als sie längst ihren Blicken entschwunden sind.

Den Abschiedsschmerz verdrängt die Freude auf eine fünfwöchige Schiffsreise mit ganztägigem Aufenthalt auf Tahiti. Der Zauber des Südseeparadieses hält die Auswanderer noch gefangen, als das Zielland unter grauschwarzen Wolken am Horizont aus dem Meer auftaucht.

Was bringt die Zukunft unter einem solchen Himmel?

Euro 8,50
ISBN 978-3-926477-26-2